MÉMOIRE

SUR LE

DOMAINE DU BROHET-BER

Conseiller
Vice-

IMP

MÉMOIRE

SUR

LE DOMAINE DU BROHET-BEFFOU

Origine de la propriété ; son étendue.

Par acte du 1ᵉʳ octobre 1858, passé en l'étude de Mᵉ Turquet de Beauregard, notaire à Loguivy-Plougras, j'acquérais, au prix de 38,000 francs, 175 hectares de la forêt de Beffou, plus le moulin et l'étang de Beffou, contenant 15 hectares, en tout 190 hectares, situés au pied des contre-forts des montagnes d'Arrhée, commune de Loguivy-Plougras, canton de Plouaret, département des Côtes-du-Nord.

Sur ces 175 hectares, appelés dans le pays *Brohet-Beffou,* les plus grandes valeurs superficielles avaient été exploitées par les propriétaires précédents, et celles qui restaient encore allaient subir le même sort, lorsque survint l'acte du 1ᵉʳ octobre 1858.

Sa transformation inspirée et motivée par la nature même des choses.

Dès le lendemain, je me dis sans hésiter : « Conservons les taillis et les massifs bons à conserver et qui, sans frais aucun, acquerront, de jour en jour, plus de valeur; puis transformons successivement, mais le plus activement possible, toutes les parties qui, non-seulement ne produisent rien aujourd'hui, mais qui, restant dans l'état où elles sont, ne produiront jamais rien. »

L'idée fondamentale étant ainsi conçue et bien arrêtée, je voulus, avant tout, par une étude détaillée et approfondie, demander aux circonstances locales mêmes la raison d'être de mon entreprise, son organisation et son plan définitif.

L'état de la propriété, sa situation très-éloignée de tout centre d'engrais, éloignement d'autant plus grand que, de tous côtés, les chemins sont impraticables, le sol, le sous-sol, l'abondance et la nature des eaux, leur niveau supérieur à une grande partie de la propriété, l'humidité du climat, l'abondance de la main d'œuvre, son prix, l'agriculture pastorale du pays basée sur l'élevage et un grand commerce de bétail, enfin la spécialité et l'importance des marchés et des foires de la région : tout fut donc interrogé par moi, et je vis que, pour réaliser la transformation désirée, il n'y avait que deux choses à faire : 1° prairies, partout où la prairie serait possible, et 2° terres labourables partout ailleurs ; la partie des bois à conserver restant toujours sous bois, comme il a été dit plus haut.

Prairies, terres labourables, bois, telles furent donc, après sérieux examen, les trois grandes divisions inspirées par la nature même des choses, et qu'il fallait faire sortir de ce chaos, car, sur ces 175 hectares, ce n'était que le chaos partout.

Sa configuration ; son état au 1ᵉʳ octobre 1858 ; obstacles de toute nature.

En effet, le Brohet-Beffou forme une vallée dominée par des pentes s'inclinant, d'un côté, de l'est à l'ouest, et, de l'autre, de l'ouest à l'est. Au sud et en tête de la vallée, qui est relativement large et peu accentuée, mais qui, resserrée au nord à son point le plus bas, y forme une sorte de barrage, toutes circonstances qui lui donnent la configuration d'un immense bassin naturel, se trouve un vaste plateau de prairies marécageuses, couronné de petites collines, et d'où les eaux, sortant de toutes parts, coulent du sud au nord en s'introduisant, par plusieurs passages, dans la vallée du Brohet-Beffou qui, inondée par ces eaux supérieures et par ses propres eaux, car la propriété repose en grande partie comme sur un lac, forme au centre un marais de 75 hectares, marais d'autant plus réfractaire à l'écoulement des eaux et à tout dessèchement qu'il est encombré de saules, d'aunes, de ronces, d'épines et de souches de toute essence, mais de nul rapport; sans parler des souches innombrables et séculaires des carex luxuriants qui peuplent le marais, y formant partout comme autant de digues qui retiennent les eaux et contre lesquelles tout instrument, même la hache, est impuissant.

Quant au reste de la propriété (100 hectares), il est en partie sous arbres verts et taillis sauvages parsemés de grands espaces informes, qui ne sont ni bois ni clairières, et en partie sous terres qui, naguère encore couvertes de belles futaies, n'offrent plus qu'un sol hérissé, non-seulement de ronces et d'épines, comme le marais, mais de plus d'une véritable forêt de houx, recouvrant d'énormes souches de chênes et de hêtres qui présenteront d'autant plus d'obstacles au défrichement, qu'elles sont encore pleines de sève, quoiqu'incapables de produire la moindre renaissance, l'âge des bois, le moment de l'abattage, les chaleurs de l'été et la dent des bêtes y ayant mis bon ordre.

Je dois enfin ajouter que des terres marécageuses et souvent noyées se rencontrent fréquemment sur ces cent hectares.

Ainsi qu'on l'a déjà fait remarquer, de toutes parts les chemins sont impraticables pour arriver au Brohet-Beffou, et là, pas un seul chemin; sur une grande partie de la propriété, lorsqu'il s'y aventure, le plus léger bétail disparaît jusqu'au cou et reste enfoncé sur place jusqu'à ce qu'on vienne le tirer de ces fondrières, à force de cordes et de peines.

Des cabanes abritent quelques personnes et un chétif troupeau, vivant de la pâture de la forêt et servant lui-même de pâture à toute une population de rats d'eau qui le ronge, dans l'étable, à tel point que j'y ai vu, avec tout le monde, des animaux si profondément endommagés qu'on aurait pu mettre le poing dans les vides creusés par les rats.

Les enfants qui gardent le bétail au milieu de cet immense fourré de ronces et d'épines, voient, chaque jour, leurs vêtements mis en lambeaux, et rentrent, tous les soirs, avec les jambes non seulement déchirées jusqu'aux genoux, mais souvent toutes saignantes, tant elles sont douloureusement pénétrées par l'acidité des eaux.

Cette acidité est tellement corrosive qu'elle attaque jusqu'au vif le troupeau lui-même dont presque toutes les bêtes boitent des quatre pieds et tiennent à peine debout.

Auprès des cabanes, un hectare de terre semble, à première vue, avoir été défriché ; mais, en réalité, ce n'est qu'une apparence trompeuse, car ce terrain contient encore, en quantité considérable, et souches et rochers qu'il faudra nécessairement extraire.

Telle est, au 1er octobre 1858, la propriété du Brohet-Beffou qui, par les détails qu'on vient de faire connaître et que tous les gens du pays déclareront être parfaitement exacts, ne justifie que trop le résumé fait plus haut, lorsqu'il a été dit : « Sur ces 175 hectares ce n'était que le chaos partout. »

L'entreprise n'en est pas moins résolue ; mes projets, base de l'opération, confiés à l'Administration ; son accueil empressé ; ses encouragements et son concours.

Malgré ces obstacles de toute nature et vraiment déconcertants, ma résolution ne fit que grandir et je me mis à l'œuvre, en portant à la connaissance de M. le Préfet et de M. l'Ingénieur en chef des Ponts-et-Chaussées du département mes projets et mon plan, complétés par l'exposé des moyens d'exécution qui, au point de vue de l'ensemble et des détails, me semblaient le mieux répondre, d'un côté, aux exigences de la propriété elle-même, et, de l'autre, à la conception raisonnée et logique de l'entreprise.

Mes projets et mon plan se formulèrent donc ainsi auprès de l'Administration supérieure :

1º Dessèchement du marais en régularisant d'abord par de grandes tranchées, à ciel ouvert, tous les cours d'eau de la propriété, et en établissant ensuite un système de drainage proprement dit, basé sur ce premier moyen de dessèchement et en harmonie avec lui.

2º Système d'irrigation du même terrain, après dessèchement, par les mêmes eaux, qui, précédemment, formaient le marais, le tout devant avoir le double avantage de substituer, par de belles prairies, une grande richesse à des non-valeurs, et de faire disparaître en même temps une cause d'insalubrité permanente pour le pays.

3º Quant au défrichement, il devait naturellement précéder, accompagner ou suivre de près le drainage dans le marais et s'organiser sur les autres parties du domaine au fur et à mesure qu'on le jugerait à propos.

M. le Préfet et M. l'Ingénieur en chef accueillirent avec le plus grand intérêt ma communication et m'encouragèrent dans mon entreprise, non-seulement par les paroles les plus chaleureuses, mais par la coopération la plus active, en mettant immédiatement à ma disposition les agents les plus distingués de l'administration.

Après la chute des feuilles, deux conducteurs des Ponts-et-Chaussées et un agent chef draineur et irrigateur vinrent donc au Brohet-Beffou pour étudier le terrain, le sonder et lever le plan de toute la partie occupée par le marais, afin d'établir mathématiquement, selon mes vues et mes désirs, le grand système de dessèchement, de drainage et d'irrigation que je voulais organiser là, et dont je leur avais donné moi-même l'idée générale, avec ses grandes lignes et ses principales divisions.

Après de longues et pénibles études sur place, où deux de ces messieurs faillirent perdre leur santé, car tous trois étaient constamment dans l'eau, souvent trempés jusqu'à la ceinture, et parfois même de la tête aux pieds ; ces trois messieurs rentrèrent dans les bureaux, et, en Avril 1859, l'administration me faisait remettre le plan et les devis qui devaient servir de base à l'exécution de mes travaux.

Commencement des travaux sur les plans de l'Administration ; premiers résultats ; grand dessèchement.

Cependant à la fin de février, les éléments incomplets encore, mais suffisants pour les débuts, m'ayant été donnés, dès le mois de mars 1859, les chantiers furent organisés et les travaux marchèrent avec la plus grande activité.

Dans les bas-fonds du domaine, sur une longueur de 1,800 mètres, furent largement ouverts deux principaux ruisseaux pour recevoir et maintenir à volonté, non seulement les eaux du plateau supérieur, mais encore toutes les eaux de la propriété, qui fut sillonnée par des ruisseaux secondaires et par des rigoles à ciel ouvert établis partout ou besoin était, sur une longueur totale de 4,623 mètres, sans compter les 1,800 mètres des deux principaux ruisseaux.

Le changement et l'amélioration furent immenses et rapides, l'inondation disparut et la terre se montra dans un état désolant, il est vrai, mais on était maître des eaux et chaque jour on voyait le dessèchement se faire comme de lui-même.

Drainage proprement dit ; réservoirs ; leur raison d'être.

Le drainage proprement dit, car le drainage était imposé par la nature marécageuse ou imperméable du sous-sol, le drainage et le défrichement étant devenus possibles, immédiatement tous deux marchèrent simultanément sur certaines parties, et sur d'autres, le drainage précédant le défrichement qui, bien qu'attardé par de plus grands obstacles, le suivait toujours de près.

Le 9 octobre 1859, 22 hectares étaient drainés et deux réservoirs étaient établis, car j'avais rigoureusement ordonné de ménager place à des réservoirs, non-seulement en tête des principaux ruisseaux, mais encore sur tous les points élevés, où le drainage produirait des eaux assez abondantes pour être massées, tant au profit du bétail, qu'au profit d'une irrigation possible et désirable plus tard.

Le système de drains, qui est en tuyaux, repose à une profondeur de 1^m 25 à 1^m 30, et le prix de l'hectare flotte entre 300 et 325 francs.

Plusieurs centaines de mètres de drainage ont dû être établis sur pilotis, tant les nappes d'eau souterraines se sont rencontrées étendues et profondes, dans certaines parties.

Depuis le mois d'octobre 1859, de nouveaux drainages ont été faits, car le grand plan général est de plus en plus poussé en avant, toutes les fois que les circonstances le permettent ; mais les drains faits depuis cette époque ont été construits en pierres, système bien préférable dans mes terres argileuses et compactes, et d'autant plus économique, que les défrichements et les labours ont donné et donnent encore sur place, pour ainsi dire, une énorme abondance de pierres, chose qu'on n'avait ni prévue ni rencontrée au début, parce qu'on avait débuté dans des terres généralement tourbeuses.

Sur le domaine, il y a donc aujourd'hui 29 hectares drainés.

Quant aux réservoirs, je ne leur ai donné que 1 m. 30 de profondeur, afin de forcer les eaux à perdre bien vite leur température froide et leur acidité, en se réchauffant et en s'assainissant sous les influences atmosphériques qui, ainsi, peuvent facilement en pénétrer et en modifier la masse, par leur action variée à l'infini et si puissante pour fertiliser les terres et les eaux, car ces dernières ne sont mauvaises que par les mauvais principes qu'elles contiennent en dissolution ou en suspension, par suite de la nature des terrains sur lesquels elles ont longtemps coulé ou par suite du milieu qu'elles ont traversé.

Les eaux sortant du plateau marécageux qui domine le Brohet-Beffou et entrant chez moi, acides, corrosives et glacées, sont donc fertilisées par le procédé indiqué plus haut et deviennent elles-mêmes fertilisantes.

Jusqu'à ce moment, les deux réservoirs situés à l'est et au sud-est, et qui sont alimentés par des eaux de drainage, sont les seuls faits, les circonstances n'ayant pas encore rendu nécessaires le réservoir carré du sud et le réservoir rond du sud-ouest.

Défrichement.

Pour ce qui est du défrichement commencé avec le drainage et continué depuis cette époque, lui aussi a marché avec une telle activité et avec une telle persévérance, tout d'abord sur les terrains drainés et ensuite sur les terres naturellement saines où j'ai cru devoir l'étendre, que 70 hectares sont aujourd'hui en culture ou plus ou moins en rapport, sur le domaine du Brohet-Beffou. Le défrichement, avec dessouchement et dépierrement, revient, en moyenne, à un franc par are.

Les bois courants, les fagots coupés sur un nombre assez considérable de souches et, surtout, les souches elles-mêmes, ont, il est vrai, produit une petite indemnité, par des recettes relativement élevées, par ce que, tout en allant chercher du sable de mer, on transportait les souches et on les vendait dans les communes voisines de la côte, où le bois de chauffage est rare et cher.

Constitution de la couche arable et du sous-sol.

Avant d'arriver à la culture qui a suivi le défrichement, quelques détails sur la constitution de la couche arable et du sous-sol me semblent indispensables.

Sur toute l'étendue du domaine, la couche arable est généralement et naturellement profonde, souvent même très-profonde, et elle peut le devenir à volonté par la manière d'y pratiquer les labours ; il est vrai qu'elle subit plus ou moins, dans sa constitution, l'influence du sous-sol sur lequel elle repose et dont on va parler plus bas ; mais, à sa surface, elle est d'autant plus riche en *humus,* que, par la forêt et par les eaux elles-mêmes, les détritus organiques y sont comme amoncelés depuis des siècles.

Quant au sous-sol, il est en partie tourbeux, en partie argileux, parfois même jusqu'à l'argile blanche, et en partie argilo-siliceux ; mais le tout sans trace de calcaire. Il est froid, acide et, dans certains endroits, d'une compacité telle qu'il défie les broyeurs les plus énergiques, un seul excepté, le fameux Crosskill dont l'usage cependant est resté impossible au Brohet-Beffou, par la raison que, jusqu'à présent, les travaux se sont généralement faits sur des terrains tellement entrecoupés de terres tourbeuses que le Crosskill ne peut y fonctionner.

Abondance et nature des eaux.

Mais ce qu'il y a de plus terrible, ce sont les eaux qui sourcent partout ; on dirait qu'il y a là une immense nappe d'eau qui, par son courant, voudrait traverser le sous-sol et qui, le trouvant presque toujours imperméable, s'y divise, s'y subdivise, y séjourne comme emprisonnée et finit par la poussée de l'hiver, si l'on peut se servir de ce mot, par monter à la surface, à la manière d'un trop plein et déborder partout, pendant plusieurs mois de l'année, ne laissant à sec que les plateaux qui surmontent le niveau qui les entoure ; mais on sait comment le drainage a tout assaini.

De ce qui précède, il est facile de conclure que, dans ces conditions, les eaux du domaine sont généralement nuisibles, mais qu'elles ne le sont que grâce à ces mauvaises conditions, ce qui est irréfutablement démontré par le grand nombre de magnifiques sources que l'on rencontre au centre et aux quatre points cardinaux de la propriété, et qui toutes sont aussi riches par l'abondance que par la nature de leurs eaux, proclamées d'autant meilleures, d'après le dire populaire, qu'elles sont plus chaudes en hiver et plus froides en été, affirmation doublement consacrée, car elle l'est aussi de la manière la plus éclatante par le luxe de la végétation qu'elles provoquent partout où elles passent.

Les eaux du domaine étant bonnes par nature, comme on vient de le prouver, donc ce sont les terres qu'il faut perméabiliser, assainir et fertiliser par le drainage qui, non-seulement pour les terrains marécageux, mais humides et froids, est, à mes yeux, le premier et le plus indispensable de tous les engrais.

Climat.

Pour compléter les détails groupés ici, il est à propos de rappeler ce qui n'a été qu'indiqué ailleurs, à savoir que si, par son niveau élevé dans les montagnes, le pays est froid au point que, dans certaines années, la glace compromet les trèfles incarnats, les avoines d'hiver, les navisseaux et les colzas, le climat est surtout remarquable par sa grande humidité et l'abondance des pluies entremêlées, trop souvent, de gelées tardives tellement fortes que, parfois, elles grillent tout, même les feuilles des arbres.

Après tous les détails qui précèdent et qui devaient être nécessairement donnés pour faire connaître les difficultés et les conditions au milieu desquelles l'entreprise avait débuté et poursuivait sa marche, nous arrivons à la culture qui, comme on l'a dit plus haut, a suivi le défrichement.

Culture ; ses débuts.

En effet, dès le mois de septembre 1859, elle se mit à l'œuvre, ayant pour engrais non seulement les fumiers laissés par mes prédécesseurs et achetés par moi, ainsi que les foins qu'ils avaient pu récolter, un peu de tous côtés, dans la forêt, mais encore les fumiers produits par un certain nombre de bêtes que j'avais achetées, dès le début, et par toutes celles que j'achetai au printemps de 1859, dès que le retour des herbes permit de nourrir, sans frais et par la seule pâture, un troupeau plus robuste par le choix des animaux et plus considérable par le nombre ; car la pâture était devenue bien plus abondante et s'était remarquablement améliorée, rien que par le seul fait d'avoir rasé, à la fin de l'hiver 1859, tout ce qui faisait obstacle et encombrait inutilement les grandes surfaces où les chantiers de dessèchement et de défrichement allaient fonctionner au printemps de la même année

En septembre 1859, on entreprit donc la culture, et l'on débuta par une plantation de colza fumé sur le premier défrichement fait dans une partie du marais desséché, comme on l'a vu, mais dont l'acidité n'ayant pas encore eu le temps de disparaître, car chaque chose doit attendre son jour et son heure, m'avait précisément fait adopter cette culture ; le colza, comme tous les autres crucifères, ne redoutant pas l'acidité du sol.

Des avoines d'hiver et des seigles plus ou moins fumés furent faits sur d'autres parties également défrichées, détail qui ne sera plus redit, car toutes les cultures sont ou seront sur terres défrichées. Au printemps 1860, on planta des pommes de terre, et un hectare de prairie naturelle qui s'était trouvé, comme par hasard, au milieu de toute la surface drainée, et qui avait été lui-même drainé, fut amélioré par un hersage très-énergique et une application de 300 kilos de guano du Pérou ; enfin, quand la saison en fut venue, on fit des sarrasins avec du noir animal.

Parcage du bétail.

Parmi les premiers ordres que j'avais cru devoir donner, dès le début, figura, comme un des plus importants à mes yeux, celui de parquer souvent le bétail sur les espaces vides les plus considérables et les mieux herbacés; mais après que les bêtes, bien remplies en courant un peu partout, fussent rassasiées; réunies là elles s'y reposaient donc, le plus souvent, au lieu de paître, et loin de fatiguer le pâturage, elles l'amélioraient considérablement par toutes leurs déjections; puis, quand la faim revenait, on les poussait en avant, et elles allaient ailleurs chercher leur nourriture.

Ce système, pratiqué avec persévérance, d'octobre 1858 jusqu'en mars 1859, ne manqua pas de me donner les précieux résultats que j'en attendais, car ces grands espaces, ainsi fumés, sans frais ni peine, devinrent comme des prairies qui, à la fin de juin 1859, me donnèrent une récolte de bon foin, relativement abondante, et ensuite une excellente pâture.

Il en fut de même de la prairie drainée qui, au printemps suivant, reçut les 300 kilos de guano, dont il a été parlé plus haut.

Après la récolte des foins de 1859, le même système de parcage fut remis en pratique et de bien plus grandes améliorations, toujours sans frais, se firent au profit de la récolte de 1860, car le parcage se fit non-seulement du mois d'octobre au mois de mars, mais de la fin de juin à la fin de mars, et par un bétail de plus en plus nombreux.

Comment fut combinée et installée ma fabrique à fumier d'étable.

Malgré cette plus grande abondance de fourrages, obtenue comme on vient de le dire et augmentée par les foins de toutes les parties du domaine susceptibles d'en produire, abandonnées aux bêtes par mes prédécesseurs, mais d'où les bêtes furent, par mon ordre, rigoureusement écartées à partir de la fin de mars, malgré, dis-je, cette plus grande abondance de fourrages, j'eus grand soin de vendre, avant l'hiver de 1859-1860, ce que j'appellerai la surabondance du troupeau, eu égard aux moyens d'alimentation dont je pourrais disposer pendant l'hiver, car on se souvient que le troupeau avait été considérablement augmenté au printemps de 1859; le troupeau fut donc réduit, mais tout en restant par la valeur et le nombre des animaux bien plus important que pendant l'hiver de 1858-1859, les ressources d'alimentation en 1859-1860 étant déjà, par la qualité et la quantité, bien supérieures à celles de l'hiver précédent.

Par cette manière de faire, le bétail arriva en parfait état au printemps de 1860 qui, donnant une pâture de plus en plus riche et adondante, me permit d'augmenter de nouveau, dans des proportions beaucoup plus considérables encore, mon troupeau, et avec mon troupeau mon fumier, car la litière était abondamment fournie par le domaine qui, à la fin de mai 1860, comptait 45 à 50 têtes de gros bétail, sans compter 6 chevaux, etc.

C'est ainsi que fut organisée, chaque année, ma fabrique à fumier sur place, jusqu'à ce que mes ressources alimentaires me permissent de garder complet, pendant l'hiver, le troupeau que j'avais eu pendant l'été, ce qui ne tarda pas beaucoup à se réaliser, comme on le verra plus loin.

Mais donnons ici, car il est temps de les donner, quelques détails sur le personnel et le petit mobilier de mon agriculture naissante.

Personnel et son organisation ; main d'œuvre.

Une famille honnête, mais n'ayant d'autres ressources que ses bras et sa bonne volonté, fut choisie par moi ; et le père, la mère et les enfants, garçons et filles, se mirent à mon service.

Le père, intelligent et soumis, fort, actif, et ne craignant pas sa peine, comme on dit vulgairement, devint mon contre-maître.

Bien que n'écrivant pas un mot d'orthographe, il se faisait parfaitement comprendre et il pouvait tenir en règle une comptabilité ordinaire, simple et non surchargée de tous ces détails qui absorbent exclusivement le temps d'un homme et exigent impérieusement un comptable spécial.

Il ne s'était jamais occupé d'agriculture, mais il y avait moyen de l'y former, car, par nature, il était observateur et avait l'amour-propre de bien faire les choses ; aussi ce que j'avais prévu put bientôt se réaliser, et de contre-maître il devint, sans beaucoup tarder, mon chef de culture.

La famille et deux domestiques, payés chacun de 100 à 120 francs, furent logés dans une des cabanes et nourris par moi, ce que je ne pus faire, en partie du moins, la première année, que par les produits du marché, le domaine ne produisant encore rien, si ce n'est des légumes dans le jardin, des pommes de terre et du seigle dans l'hectare que j'avais trouvé en culture, en achetant la propriété. A la femme et aux filles aînées de mon contre-maître ou, pour mieux dire, de mon chef de culture, incombèrent, tout naturellement, les soins du ménage et ceux à donner aux bêtes ; puis les plus jeunes enfants gardèrent le troupeau.

Mais tout le reste de mon personnel qui est généralement marié, ce qui le fixe autour de moi et à mes travaux, habite sur les limites du domaine, chacun chez soi, se nourrissant à son compte, et reçoit par jour chacun selon son mérite :

Les hommes de 0 fr. 90 à 1 fr. 25.

Les femmes de 0 fr. 50 à 0 fr. 60.

Les enfants de 0 fr. 30 à 0 fr. 50.

Ce système qui n'est pas en usage dans le pays, mais qui fonctionne parfaitement chez moi, parceque la main-d'œuvre n'étant pas rare, on trouve toujours autant de monde que l'on veut, a des avantages immenses dont trois seulement seront signalés ici :

1° Celui d'éviter des dépenses énormes et presque illimitées dans le ménage.

2° L'avantage de pouvoir remplacer immédiatement le journalier ou la journalière qui manque à son devoir ou à son travail, condition qui impose beaucoup à tout le personnel.

3° Enfin l'immense avantage de combattre un des plus grands fléaux de notre temps, la dépopulation des campagnes, en occupant non-seulement le chef de famille, mais fréquemment encore la femme et les enfants, dans un pays où le travail manquant bien souvent, l'émigration ne s'organiserait que trop au profit du vagabondage et de la vie d'aventure dont les conséquences sont aussi funestes pour les individus que terribles et de plus en plus menaçantes pour la société elle-même.

Ce système, pratiqué dès le début, est toujours en vigueur chez moi, après treize ans d'expérience, et ce qui lui fait doublement honneur, me semble-t-il, c'est que ni maître ni journaliers n'aiment à se séparer, puisque le fonds de mon personnel date du premier jour et des premières années de l'entreprise.

Mobilier agricole au début.

Quant au mobilier agricole, il n'est composé que des araires Bodin, n°s 1, 2 et 3, et de herses Valcourt également de chez M. Bodin, tout autre instrument ne paraissant pas nécessaire pour le moment (1859-1860).

Personne ne voulait accepter l'araire à la place de la mauvaise charrue, avec avant-train, en usage dans le pays ; moi présent, on refusait même de s'en servir, mais devant ma persévérance et ma volonté qui dut devenir impérative, on finit par plier et l'araire fonctionna bon gré mal gré ; bientôt l'enthousiasme remplaça le mépris ; on ne voulut plus se servir que de l'araire et, aujourd'hui, on aurait plus de peine à le faire abandonner qu'on n'en a eu à le faire adopter.

Emploi exclusif des chevaux sur le domaine.

Tous les travaux sont faits par des chevaux, mais bien péniblement, comme on le comprend de suite, lorsqu'il faut faire des labours, soit dans des terres tourbeuses sans consistance sous les pieds des chevaux, inconvénient naturel et inhérent aux terrains tourbeux, même drainés, soit dans des terres argileuses d'une compacité affreuse, par nature, et encore toutes enchevêtrées de racines, nécessairement restées là après le dessouchement et malgré le défrichement.

Première récolte, 1860.

Après ces détails, revenons à la culture.

En août et septembre 1860, se fit la première récolte; elle fut battue au fléau et elle fut d'autant plus satisfaisante qu'elle égala toujours et surpassa parfois les plus belles récoltes du pays. Le colza surtout, produit inconnu dans la contrée, et qui attira beaucoup de curieux, fut exceptionnellement remarquable par son grand rendement, et son poids et sa belle qualité lui valurent d'être payé, par 100 kilos, 0 fr. 50 de plus que le cours le plus élevé.

Résumé des premiers débuts basés sur les principes de la culture intensive.

Tels furent les premiers débuts de la culture, sa première organisation, ses premiers moyens d'action, sa manière de les appliquer et, enfin, ses résultats jusqu'en septembre 1860, le tout très-réduit, dira-t-on peut-être, ce que j'avoue, d'autant plus volontiers que j'ai cru plus prudent d'agir ainsi, le tout très-réduit, je le répète donc, mais basé, dès le premier jour, sur les principes de la culture intensive confirmés de tous points par l'expérience qui ne cesse de redire : Aux grandes fumures le succès, aux grandes fumures les grands produits !

Si jusqu'à ce moment j'ai groupé tant de détails sur l'origine de l'entreprise, sur les circonstances avec lesquelles elle a dû compter, sur les difficultés qu'elle a dû vaincre et sur la marche qu'elle a suivie d'octobre 1858 jusqu'en septembre 1860; si je me suis surtout longuement étendu sur l'organisation de la culture à ses débuts, c'est qu'il y avait le plus grand intérêt à ne marcher vers l'avenir, c'est-à-dire vers la période plus spécialement culturale, qu'avec la connaissance parfaite du passé, parceque le passé et particulièrement l'organisation de la culture à ses débuts devaient être, tout à la fois, pour nous, la base et la clef de l'avenir.

En effet, les semences d'automne, d'hiver et de printemps, l'aménagement et l'emploi des fumiers, la nourriture et les soins donnés aux animaux, le choix et la nature des cultures, les travaux et l'application du capital agricole, en un mot, tout ce qui se fit en 1861, 1862, 1863 et depuis, fut toujours fait sous les inspirations du grand système pratiqué, en petit il est vrai, mais constamment pratiqué avec conviction et confiance, de septembre 1859 à septembre 1860 et qui se formule ainsi : culture intensive par la plus grande abondance possible de fumiers, formule dont la première et la dernière conclusion est : fourrages et bétail, bétail et fourrages.

Introduction du trèfle, des racines et des plantes fourragères.

Aussi, comme conséquence des premiers débuts et de mon plan bien arrêté de développer, de plus en plus, le système de la culture intensive, en même temps que se continuait l'amélioration persévérante des prairies et des pâtures, le trèfle, les racines et les plantes fourragères furent introduits sur le domaine, dès le printemps de 1861, et pour assurer le succès de ces essais, faits non pas à titre de petite expérience, mais dans les proportions d'une véritable et importante culture, la terre pour trèfle reçut, en plus d'une bonne fumure, du calcaire marin, c'est-à-dire du sable de mer ; et les terres pour racines et pour plantes fourragères furent très-fortement fumées. Le navet, le rutabaga et le chou, par cela même qu'ils ne redoutent pas les terres nouvellement ouvertes et l'acidité qu'elles contiennent plus ou moins encore, dûrent naturellement avoir la préférence.

Grâce à toutes ces précautions, le succès fut complet, et j'obtins des rendements magnifiques.

Labours ; leur profondeur ; labour à plat ; nombre et époque des labours ; application des fumiers.

Les terres devenant meilleures et la couche arable plus profonde, les labours devinrent de plus en plus profonds eux-mêmes, et descendirent dans de très-bonnes conditions jusqu'à 0^m 25 et souvent davantage, ce qui ne se fit que progressivement, mon système de labours ayant été, dès le début, et étant toujours, de ne les faire que très-prudemment, aussi profonds que possible, il est vrai, et descendant un peu au-dessous de la couche arable, mais en évitant, avec le plus grand soin, de la noyer dans une surabondance de terre neuve, crue, arrachée au sous-sol souvent acide, et toujours froid et infertile.

Avant d'aller plus loin, je dois publiquement ici à la *fouilleuse* l'honneur et la reconnaissance qu'elle mérite, pour les grands services qu'elle m'a rendus et qu'elle ne cesse de me rendre, tous les jours, car dans les terres froides, argileuses et compactes, elle fait, immédiatement au-dessous du labour de la charrue ordinaire, un véritable drainage, lequel, très-puissamment aidé par les influences atmosphériques et par celles des engrais qui s'étendent et descendent toujours, par la double loi de la capillarité et de la gravitation, réchauffe, assainit, approfondit et fertilise la première couche du sous-sol, la transforme ainsi, plus ou moins rapidement, en terre arable, et met de suite sur un meilleur fond et dans de bien meilleures conditions, non-seulement le labour proprement dit, mais encore les récoltes qui lui sont confiées, tout en ajoutant au labour lui-même une profondeur toujours plus grande, sans jamais cependant noyer la couche arable et les fumiers dans une surabondance de terre infertile, phrase que je répète mot à mot, parce qu'elle exprime parfaitement ce qui se fait et ce que j'exige, avant tout, pour mes labours.

Dès le début aussi le labour à plat remplaça le petit billon du pays, mais, comme pour l'araire, il fallut l'imposer d'autorité. Les labours qui sont très-péniblement faits, ainsi qu'il a été déjà dit, exigent presque toujours trois chevaux et souvent quatre.

Sur ce que je puis appeler aujourd'hui mes vieilles terres, 50 ares sont labourés dans une journée de travail et 40 à 45 ares seulement ailleurs.

Quant au nombre des labours, règle générale, plus on le peut, plus on les multiplie, parce qu'au Brohet-Beffou, cette multiplicité est considérée comme une sorte d'engrais, et une cause très-puissante d'amélioration et de fertilité pour les terres.

On les fait, le plus possible, en temps sec et lorsque la terre est sèche ou au moins ressuyée; les terres destinées aux cultures de printemps reçoivent toujours un labour avant les glaces, et, plus tard, un hersage et un dernier labour suivi d'un hersage, si cela paraît suffisant, ou deux labours suivis chacun d'un ou de plusieurs hersages, selon qu'il est besoin.

Ajoutons ici que, pour les cultures sarclées du printemps, les fumiers sont mis avant le deuxième ou avant le dernier labour, suivant que les terres doivent recevoir après l'hiver deux labours ou un seul.

Pour les labours, tel est donc le système pratiqué au Brohet-Beffou, et que j'appellerai, qu'on veuille bien me le permettre, le système intensif des labours fertilisateurs, car, avec une profondeur toujours croissante, mais toujours modérée et logique, il conserve et concentre au profit des cultures tous les engrais, c'est-à-dire tous les principes fertilisants naturels ou apportés au sol, et devient ainsi la première base de la culture intensive, au lieu du système des bouleversements à outrance qui, après avoir détruit la couche arable et son humus, absorbent presque en pure perte des quantités énormes de fumier et laissent pour longtemps les terres improductives, à moins d'une surabondance d'engrais vraiment fabuleuse que la fantaisie seule se donne, s'il lui plaît, mais que la grande culture ne peut pas s'accorder.

Semences ; leur préparation ; quantités employées.

Avant d'être employés, tous les grains sont trempés, pendant quelques heures, dans une solution de sulfate de cuivre, de sulfate de soude et de noir, pour préserver de la carie la future récolte.

Quant aux semences, à cause de la rigueur des hivers, de la sévérité des printemps et de l'état encore trop primitif des terres, elles réclament, par hectare, 200 kilos d'avoine et 220 à 250 kilos de seigle, de froment ou d'orge.

Cependant, dans certaines années et sur certaines terres, 200 kilos de blé ont suffi et donné de beaux rendements; ainsi 200 kilos de blé Victoria, de chez M. Vilmorin et pesant 80 kilos à l'hectolitre, semés chez moi, en novembre 1868, m'ont rapporté, en août 1869, 2,100 kilos à l'hectare ; seulement, de 80 kilos, le poids de l'hectolitre était descendu à 76 kilos, ce qui est, à peu près, le poids maximum du meilleur blé des environs de Lannion; aussi, dans le pays, me fut-il demandé de toute part, comme blé de semence. Bien que le poids de l'hectolitre eût baissé, le rendement n'en restait donc pas moins très-satisfaisant, car il donnait 27 hectolitres et demi à l'hectare, résultat qui, avec plus ou moins de variantes, sans doute, a été plusieurs fois donné au Brohet-Beffou par cette même quantité de semence, laquelle a été encore très-réduite, lorsque j'ai pu semer au semoir, car toutes les fois que la chose est possible, les expériences sont récidivées et de nouvelles tentatives sont faites ; ainsi sur 112 ares semés en ligne, il m'est arrivé de n'employer que 150 kilos d'orge ; mais je m'empresse de déclarer que ces chiffres de semence font exception et que l'expérience m'a imposé, en moyenne, les quantités dont il a été parlé tout d'abord, ce qui, au reste, est logique, car il faut plus ou moins de semence, selon qu'on sème tard ou de bonne heure et sur une terre plus ou moins riche.

Époque des semailles et manière de les faire.

Les seigles et les froments sont semés en octobre et en novembre et mes avoines noires, car je n'en fais pas d'autres, sont toujours semées en décembre et en janvier, époque que j'ai grand soin de leur réserver, parce que n'ayant pas le temps de germer avant les grandes glaces, les avoines ne sont jamais détruites par elles et se trouvent ainsi toutes prêtes à pousser vigoureusement, dès que les rigueurs de l'hiver sont passées. Par le choix de cette date et le soin de les bien couvrir, je sauve, tous les ans, mes avoines, alors que, dans le pays, elles sont très-fréquemment éclaircies ou même complètement détruites par les glaces.

D'un autre côté, par mes labours profonds qui maintiennent les eaux du sol et font descendre les eaux pluviales au-dessous des semences, je mets mes avoines comme à l'abri des hivers trop pluvieux, et, ainsi, je les sauve encore, alors que la surabondance des pluies et l'inondation presque permanente qui en résulte, font périr souvent les avoines de mes voisins et de toute la région.

Mes avoines qui, en réalité, sont des avoines d'hiver, toujours bien supérieures, par le poids et le rendement, à celles de printemps, ont été si constamment et si infailliblement sauvées, par la double combinaison dont je viens de parler, que je me suis permis de la signaler ici, d'une manière toute particulière, en face de la destruction, malheureusement très-fréquente, des avoines de tout le pays, par les glaces ou les pluies trop persévérantes, et cela uniquement, je n'en doute pas, faute de bien choisir l'époque des semailles et de faire les labours assez profonds.

Les orges sont emblavées, le plus possible, du 15 mars au 15 avril, afin que les trèfles qu'on y sème poussent vite, sous une température déjà un peu réchauffée, et ne soient plus exposés à être détruits par les gelées tardives si terribles dans nos montagnes.

Le semoir ne pouvant fonctionner que par exception au Brohet-Beffou, à cause des obstacles provenant de la nature même du sol et multipliés encore par la nature des fumiers qui sont généralement faits avec de l'ajonc, du genêt, etc., les céréales sont semées à la volée, mais recouvertes à la herse, toutes les fois que l'état des terres le permet; cependant, lorsqu'il ne le permet pas, on en concluerait peut-être que les semences sont enfouies sous raie; il y aurait erreur à le croire, car les semences ne sont mises qu'à moitié sous raie ou, pour mieux dire, qu'à côté de chaque raie, sur le sommet rabattu de la bande antérieure et couvertes par une partie de la bande supérieure bien divisée à l'aide de la tranche (grande houe à main), de manière à ne couvrir la semence ni trop ni trop peu, et de manière à la couvrir toujours avec une terre convenablement ameublie.

Renouvellement des semences.

Pour compléter ce qui précède, je dois ajouter que toutes les fois que je rencontre un type de céréales exceptionnellement beau, je me le procure, et, lorsque je ne puis me le procurer moi-même, je le fais venir, de manière à avoir, tous les ans, des types de qualité supérieure pour semer une certaine surface dont la récolte est soigneusement mise à part, afin de servir de semence aux grandes emblavures qui seront faites pendant la campagne suivante; aussi mes grains sont-ils très-recherchés, toujours payés au prix du plus haut cours et souvent au-dessus du cours le plus élevé.

Première ajonnière.

Cherchant toujours, et avant tout, le moyen de nourrir un nombre d'animaux de plus en plus considérable, et de les nourrir de mieux en mieux, toujours pour arriver à une plus grande abondance de fumiers, j'eus l'idée de créer des ajonnières, ce que j'appelle mes prairies d'hiver.

Je les fis établir sur les limites du domaine, parce que l'ajonc exige moins de soins et de surveillance que les autres cultures, et que, par sa nature même, il se défend mieux contre le pillage.

A la fin de 1862 ou au commencement de 1863, un défrichement fut donc organisé sur un des points extrêmes de la propriété, et là, en mai 1863, 150 ares furent semés en ajonc, dit queue de renard, et connu pour être le moins épineux ; il fut semé, avec de la cendre, dans un blé noir qui le protégea contre les chaleurs de l'été, et donna une belle récolte en septembre 1863 ; une première ajonnière était créée.

Inventaire de décembre 1863.

Nous voilà donc arrivés au premier janvier 1864, avec des améliorations considérables, à tous égards, et dont on trouve les preuves multipliées dans l'inventaire fait à la fin de 1863 par le notaire soussigné. (Voir l'inventaire).

Parmi toutes celles qu'il renferme, une seule suffira pour résumer la marche aussi rapide que progressive de l'entreprise et démontrer son plein succès jusqu'au premier janvier 1864 ; c'est le nombre de têtes de gros bétail entretenu sur le domaine et par le domaine, non plus seulement l'été, mais encore l'hiver et qui se décompose ainsi qu'il suit, au 3 décembre 1863 :

Bêtes à cornes, 58
Chevaux 7
Poulains 2

Sans compter veaux, porcs gras et porcelets.

Après tous les détails donnés de septembre 1859, début de la culture, au 1er janvier 1861, et du 1er janvier 1861 au 1er janvier 1864, détails auxquels viennent s'ajouter ceux de l'inventaire de décembre 1863, on peut tellement prévoir et apprécier les développements et les transformations qui se produiront, chaque année, comme conséquence forcée de ce qui a été fait et obtenu sous les inspirations du système appliqué à la culture, que je passerai rapidement désormais là où il ne sera pas nécessaire de s'arrêter, pour ne m'étendre, à l'avenir, que sur ce qu'il me paraîtra utile de signaler avec plus de soin, dans ces mêmes développements et dans ces mêmes transformations.

Engrais du commerce employés sur défrichements.

Comme on a dû le remarquer et comme le prouvent les dix hectares de colza signalés dans l'inventaire, et semés en août ou septembre 1863, les défrichements sont toujours mis en rapport concurremment avec les terres soumises à la culture proprement dite, mais à l'aide de moyens différents, c'est-à-dire à l'aide d'engrais du commerce, les fumiers restant presque exclusivement pour les cultures assolées; cependant, à partir de 1864, les travaux de défrichement diminuant un peu, et les ressources en fumier augmentant toujours, les engrais du commerce furent un peu moins employés.

Le noir animal fut surtout l'engrais préféré, et chaque hectare le recevait à la dose de sept à huit hectolitres. Quant aux résultats, je dois avouer qu'ils furent très, très-variables et généralement inférieurs à ce qu'on aurait dû obtenir, ce qui ne prouve qu'une chose : c'est la qualité très-variable et très-variée du noir, qui n'en reste pas moins un engrais très-bon et très-efficace, dans certains cas, seulement, toute la difficulté, qui est malheureusement très-grande, est de se le procurer pur, aussi, depuis longtemps, ai-je renoncé au noir animal.

Les racines et les plantes fourragères tendant toujours à remplacer les cultures industrielles.

Les colzas pour graines tendirent aussi à diminuer, sous l'influence du désir que j'avais toujours eu de les remplacer, dès que la chose aurait sa raison d'être, par des produits se faisant, en grande partie du moins, consommer par le bétail, toujours pour produire une plus grande abondance de fumier.

Le colza pour graines sur défrichement fut donc généralement remplacé, en première culture, par sarrasin, navets, et colza vert resté en grand honneur sur le domaine.

De leur côté trèfle, vesce, betteraves, rutabagas, navisseaux, choux, maïs fourrage, seigle vert, avoine verte et trèfle incarnat, se multiplièrent plus abondamment chaque année, sur des surfaces de plus en plus grandes, de manière à se compléter ou à se succéder sans interruption.

Trois nouvelles ajonnières ; précieux avantages de l'ajonc ; son emploi.

Une seconde ajonnière d'un hectare fut aussi créée peu de temps après la première; puis une troisième de deux hectares, et enfin une quatrième contenant quatre hectares; tous les talus du domaine furent également couverts d'ajoncs.

Ce produit qui est trop souvent traité avec mépris et considéré comme l'indice de l'état sauvage d'un pays perdu, presque barbare encore, et resté fermé à toute idée de progrès, est, à mon sens, une des principales sources de sa richesse et, pour mon compte, je n'hésite pas à le proclamer un des meilleurs, un des plus extraordinaires par ses grands rendements et, à tous égards, un des plus précieux qu'on puisse imaginer. Je donnerais tout plutôt que mes neuf hectares d'ajonc, qui sont mis en coupe réglée de deux en deux ans, mais s'alternant par moitié, de telle façon que quatre hectares et demi sont coupés une année et quatre hectares et demi l'année suivante, ce qui fait donc que chaque moitié est coupée tous les deux ans.

Pendant six mois de l'année, cet ajonc est particulièrement destiné à la nourriture des chevaux qui ne sont jamais en meilleur état que sous son régime, et qui en sont tellement avides qu'ils dédaignent le foin, même de première qualité, si on leur en présente simultanément avec l'ajonc; au reste, ce qui est bien remarquable et sanctionne complètement les détails qui précèdent, c'est l'enseignement donné par la nature même prise sur le fait; ainsi, tout le monde sait que le cheval en liberté, dans une ajonnière, en dévore toutes les jeunes pousses, de préférence à l'herbe et, très-souvent, j'ai même vu des chevaux, lorsque l'ajonc était trop résistant, se servir de leurs fers, comme de broyeurs et de pile-ajonc, si bien qu'ils arrivaient eux-mêmes à le réduire au degré d'écrasement voulu pour s'en nourrir, et cela à titre de gourmandise, on peut dire le mot, car c'étaient des chevaux déjà rassasiés.

L'ajonc qui n'est pas consommé sert à faire de la litière sous le bétail et produit un excellent fumier, le meilleur peut-être, tant il est riche en éléments minéraux et azotés.

Avant d'être donné aux chevaux, l'ajonc est coupé et plus ou moins broyé par un coupe-ajonc; en cas de disette des fourrages ordinaires, l'ajonc est encore d'une immense ressource, car il est très-bien mangé par les bêtes à cornes, quand il est un peu plus broyé que pour les chevaux.

Lorsqu'à tous ces avantages, vraiment incomparables, on ajoute ceux de venir partout, même sur les terrains les plus pauvres, et de ne coûter, pendant 10, 12 et 15 ans, en un mot, tant que dure l'ajonnière, que les frais de récolte et de préparation, quand on le destine aux animaux, on comprendra pourquoi, parmi toutes mes cultures, je donne à l'ajonc une des premières places d'honneur, si ce n'est la première.

Les céréales, à leur tour, rencontrant aussi des souches de plus en plus riches, chaque année, donnent, en même temps que beaucoup plus de grains, beaucoup plus de paille, grand moyen d'alimentation, car, au Brohet-Beffou, toutes les pailles sont consommées.

Réforme dans le troupeau.

Pendant que ces améliorations, au point de vue de l'alimentation du bétail, se produisaient graduellement, mais incessamment, une réforme, qui avait dû se faire, s'était réalisée à l'égard des jeunes bêtes, et le troupeau, jusqu'à ce moment, presque exclusivement composé de génisses, par la raison qu'on avait cru d'abord plus avantageux de le composer ainsi, avait été remplacé par un troupeau de jeunes bœufs :

1º Parce qu'on ne peut pas vendre les génisses quand on le veut, car, pour les bien vendre, il faut attendre qu'elles aient le veau très-avancé.

2º Parce que les avortements, qui souvent arrivent, font perdre un an pour la vente.

3º Parce qu'étant beaucoup plus rustique que la génisse, le bœuf n'exige ni les mêmes soins ni la même qualité de nourriture, et se trouve très-bien où la génisse se trouve très-mal.

4º Parce que dans le pays le commerce des jeunes bœufs est tout aussi actif et même plus actif que le commerce des génisses.

5° Enfin, parce que de cette manière, un grand nombre d'animaux étaient élevés chez moi et préparés d'avance pour l'engraissement, qui bientôt devait être la conséquence et comme le couronnement de ma culture intensive.

Tout en améliorant, comme on vient de le voir, les cultures par une plus grande abondance de fumier et les fumiers par une plus grande abondance de cultures fourragères, le tout par l'intermédiaire d'un bétail de plus en plus nombreux et de mieux en mieux nourri, pour arriver à la culture intensive, but toujours poursuivi, une chose essentielle manque, ou plutôt elle ne manque que parcequ'elle n'a pas encore été signalée, car, en réalité, elle existe depuis bien longtemps sur le domaine du Brohet-Beffou, où je l'ai organisée avec d'autant plus d'empressement, qu'à mes yeux, elle et elle seulement, la quantité voulue de fumier étant donnée, peut être toute puissante pour réaliser et assurer le succès désiré, au triple point de vue si important qu'on vient de faire remarquer ; cette chose ou plutôt ce moyen tout puissant, c'est *l'assolement*, mais à la condition qu'il soit *alterne*,

Assolement ; il est toujours alterne au Brohet-Beffou.

Au Brohet-Beffou, l'assolement est donc alterne et il y est pratiqué depuis bien longtemps, puisqu'il y fut pratiqué dès le début, c'est-à-dire, dès que quelques hectares purent recevoir des labours convenables et des fumures intensives.

La première application qu'on en fit, et qui fut faite sur des terres naturellement saines, se formula ainsi :

Première année. — Pommes de terre et rutabagas avec 60,000 à 70,000 kilogrammes de fumier par hectare, c'est-à-dire, avec un mètre cube de fumier par are.

Deuxième année. — Orge avec trèfle.
Troisième do — Trèfle.
Quatrième do — Blé d'hiver.
Cinquième do — Colza pour graines avec 200 ou 300 kilos de guano.
Sixième do — Avoine.

L'assolement continua, avec plus ou moins de petits changements dans les soles, mais toujours alterne ; cependant, quelquefois la sole de trèfle a été conservée pendant deux ans, lorsque la nécessité l'a exigé ; dans ce cas, le blé d'hiver qui suivait, recevait 200 ou 300 kilos de guano, s'il paraissait en avoir besoin, ou bien il était remplacé par une avoine sans engrais, froment ou avoine recevant, parfois aussi, des graines de foin pour produire ensuite là, pendant un certain temps, foin et pâture.

Plus tard, en 1869, l'assolement fut :

Première année. — Betteraves et autres cultures sarclées, mais principalement betteraves, toujours avec 60, 70, et même 80,000 kilogrammes de fumier, par hectare.

Deuxième année. — Blé d'hiver avec trèfle.
Troisième d° — Trèfle.
Quatrième d° — Blé d'hiver.
Cinquième d° — Fourrage vert avec une demi-fumure.
Sixième d° — Avoine avec graines de foin.
Septième d° — Foin.
Huitième d° — Foin ou pâture.
Neuvième d° — Pâture.

Lorsque la demi-fumure devait manquer pour la cinquième sole, le fumier étant réservé pour d'autres terres, les graines de foin étaient semées dans la céréale de la quatrième sole ; cette introduction des foins et pâtures dans l'assolement m'a procuré d'immenses ressources d'alimentation pour mon bétail, et l'immense avantage de pouvoir attaquer activement, dans de larges proportions, et toujours par la culture *intensive* et l'assolement *alterne,* d'autres parties du domaine, grâce au temps, aux bras et aux fumiers que venaient, à tour de rang, laisser à ma disposition ce repos de grandes surfaces de terre, mais ce repos très-productif, comme on vient de le voir.

J'avouerai humblement que l'expérience faite, pendant deux ans de suite, de trèfle semé sur blé d'hiver, me fut fatale, car mes terres sont tellement argileuses et compactes que, sous les pluies d'hiver, elles deviennent comme pilonnées; le trèfle semé à la surface ameublie le mieux possible par la herse, germait bien, il est vrai, mais, lorsqu'il voulait prendre pied, la dureté et la compacité du sol ne le lui permettaient pas, et il périssait en grande partie, donnant trop peu pour être conservé, et trop pour être rompu.

Cet insuccès des trèfles, pendant deux ans de suite, jeta un grand trouble dans mes cultures et dans mon bétail qui auraient nécessairement souffert et beaucoup baissé, je ne m'en suis que trop aperçu, si, par des expédients de toute nature, je n'avais doublé les difficultés, et si je n'étais revenu bien vite à mes trèfles semés dans des orges.

L'assolement en question fut adopté pour mieux faire, mais, comme dit le proverbe : le mieux est souvent l'ennemi du bien, et j'en eus malheureusement la preuve; l'assolement alterne n'y fut pour rien, c'est évident, et à moi seulement incomba la faute.

Ainsi que je l'ai démontré, l'assolement, tout en variant, plus ou moins, dans ses différentes soles, a été et est toujours resté alterne, et c'est à lui que je dois, avec la même quantité de fumiers, d'avoir pu créer et mener à bien de nouvelles cultures, tout en maintenant les anciennes dans de très-bonnes conditions, parce que l'assolement alterne, d'une part, ne réclamant qu'au fur et à mesure qu'il est besoin pour chaque culture, et dans la proportion voulue par chaque culture, les principes fertilisants des fumiers mis en terre, et les principes fertilisants naturels au sol, et, d'autre part, conservant une très-grande propreté aux terres, arrive, par ce double procédé aussi intelligent que précieux, à économiser les engrais, même à en produire dans le sol par certaines cultures, le trèfle par exemple, et, en tous cas, à en prolonger les effets, au point de donner, pendant 5, 6, 7 et 8 ans parfois, toujours avec la seule fumure mise à la première sole, c'est-à-dire aux plantes sarclées, des rendements soutenus se traduisant constamment par une belle moyenne, lorsqu'il ne donne pas des récoltes maxima, le tout subordonné, bien entendu, aux influences et aux circonstances imprévues qui, chaque année, éprouvent l'agriculture et font planer sur elle toujours l'aléatoire et trop souvent les menaces les plus terribles.

Au Brohet-Beffou, l'assolement alterne a donc été pratiqué, dès le début, comme le seul moyen de réaliser et d'assurer, ainsi qu'on l'a affirmé plus haut, le triple succès tant désiré et qui se formule par ces mots que je tiens à redire : Amélioration toujours croissante des cultures par une plus riche et une plus grande abondance de fumiers et des fumiers par une plus riche et une plus grande abondance de cultures, le tout par l'intermédiaire d'un bétail de plus en plus nombreux et de mieux en mieux nourri.

L'assolement avec ses conséquences et les cultures faites sur le domaine étant connues, de nouveaux détails sur la manière de faire ces cultures viennent se présenter ici comme d'eux-mêmes.

Nouveaux détails sur la manière de faire les cultures. Hersage des céréales.

Aux détails déjà donnés à cet égard, j'ajouterai que les céréales sont hersées au printemps, dès que le temps et l'état du sol le permettent ; mais elles ne sont que très-rarement roulées, au moment des semailles le rouleau produisant généralement un effet nuisible sur mes terres qui ne se tassent que trop.

Culture des plantes sarclées ; semis en ligne ; plantation au grand plantoir, à la charrue.

Quant aux plantes sarclées, elles reçoivent les labours et les fumiers, comme il a été déjà dit, page 19; et toutes les racines sont semées en ligne et en poquets, avec 0^m 80 entre les lignes, et 0^m 50 entre les poquets sur les lignes ; les mêmes distances sont observées pour les plantations, lorsqu'on plante betteraves, rutabagas ou colza; seulement, pour le colza, les lignes sont un peu plus rapprochées.

Les plantations de betteraves, de rutabagas, de colza et de pommes de terre, sont généralement faites au grand plantoir, façon d'autant plus précieuse qu'elle laisse les chevaux libres pour d'autres travaux, et que son travail est plus rapide et plus économique que celui fait à la charrue, surtout dans les terres humides.

D'abord on a beaucoup ri et plaisanté de cette manière de faire, mais quand on a vu ses avantages, économiques à tous égards, et que les plantations, ainsi faites, produisaient des résultats tout aussi beaux que par tout autre moyen, le grand plantoir a été accepté, et son usage se répand de plus en plus, et même au loin dans le pays.

Pour les pommes de terres, je mets 0^m 60 entre les lignes et 0^m 30 ou 0^m 40 entre les tubercules sur les lignes.

Pour les choux, qui sont toujours mis à la charrue, la distance entre eux est de 0^m 80 carrés ou d'un mètre carré.

Le maïs fourrage est également semé en ligne, avec 0^m 50 entre les lignes et 0^m 25 ou 0^m 30 sur les lignes.

Toutes ces cultures sont binées, autant de fois qu'il est nécessaire, à l'aide de la houe-à-cheval, et le buttoir vient butter celles qui doivent l'être.

Après la manière de faire et de soigner les cultures, se présentent tout naturellement les moyens qui les ont produites et ceux qui peuvent les améliorer, c'est-à-dire les engrais.

Engrais ; théorie et pratique.

En plus des fumiers d'étable, le guano, les chiffons de laine, le calcaire marin ou sable de mer, la chaux, le phosphate et les cendres de bois et de tourbe qui, dès le début, et constamment depuis, ont été plus ou moins employés au Brohet-Beffou, le sont encore aujourd'hui, selon que les circonstances le réclament, seulement le noir animal, dont on s'était servi, pendant les premières années, a été abandonné, comme on l'a dit ailleurs.

Les quantités employées varient beaucoup, et doivent nécessairement varier selon les cultures et l'état des terres.

Engrais complet ; fumier ; nouveaux détails sur la manière de le produire et de l'améliorer.

Dès le premier jour de l'entreprise, la grande question des fumiers d'étable, qui sont le seul engrais complet, dût me préoccuper et me préoccupa ne effet, avant tout, ainsi qu'on l'a déjà vu; on sait également avec quelle persévérance tous les moyens ont été cherchés et en quelque sorte inventés pour les produire de plus en plus abondants ; enfin, on a vu avec quels éléments ils sont faits, à quelles cultures, sur quels labours, à quelle époque et dans quelles proportions ils sont généralement appliqués.

Quelques détails suffiront donc désormais pour compléter ceux qui précèdent.

Le système des fumiers amoncelés, le plus longtemps possible, sous les animaux dans les étables, si la litière est assez abondante pour y suffire, est, pour moi, le système par excellence de la production du fumier, car, si dans la langue forestière, il existe un axiome qui dit : le bois fait le bois, en agriculture, je crois qu'il est doublement vrai de dire : le fumier fait le fumier, par le double motif que l'accumulation sous le bétail accroît considérablement la quantité et la qualité du fumier. Au reste, au Brohet-Beffou, la nature des litières qui sont faites avec de l'ajonc, du genêt, des fougères, de la bruyère, de grosses herbes blanches de marais, etc., m'aurait imposé ce système, si je n'avais été d'avance son plus chaud partisan et son plus zélé propagateur.

Les fumiers produits dans les étables y sont donc amoncelés sous le bétail, jusqu'à ce que force soit de les enlever pour les cultures, ou à cause de leur surabondance, qui arrive quelquefois à élever le bétail, au point de lui faire presque toucher les poutres.

L'homme qui est chargé des étables y fait la litière une fois par jour, en hiver, et deux fois par jour, en été, ou plutôt durant six mois de l'année, c'est-à-dire pendant que les jours sont assez longs pour le faire, sans nuire aux exigences de nourriture réclamées par le bétail, car, en été, qu'il fasse sombre, froid ou chaud, le bétail rentre toujours à dix heures à la fabrique à fumier, c'est-à-dire à l'étable, où il reste ruminer, digérer, améliorer le fumier déjà produit et en produire d'autre jusqu'à quatre heures, qui est le moment où on le remet à la pâture.

Par ce réglement d'étable, mis en pratique avec une grande régularité, et que viennent entourer tous les autres soins qui peuvent contribuer au même résultat, j'arrive à une immense production de fumiers.

Parmi les soins donnés à mes fumiers, il en est un auquel je tiens d'une manière toute spéciale, c'est celui de saupoudrer, dans les étables mêmes avec 2 kilos de phosphate fossile, par mètre cube, tous les fumiers au fur et à mesure qu'ils montent et qu'ils s'y amoncèlent.

Avant d'être employés pour les cultures, en raison même de la nature grossière des éléments qui les composent, les fumiers ont souvent besoin d'être un peu manipulés, afin d'acquérir l'homogénéité qu'ils n'ont pas encore, bien que traités, tous les jours, avec le plus grand soin dans les étables; lorsqu'ils en sortent, ils sont donc mis, si on le juge à propos, à l'extérieur et dressés en plate-forme rectangulaire, mais aussi élevée que possible, pour se mieux défendre contre les influences atmosphériques qui tendent toujours à les détériorer.

Au reste, ils ne sont conservés là, que le temps voulu pour que toute la masse devienne bien homogène, car, dès que l'effet est obtenu, ils sont portés sur les terres auxquelles ils sont destinés et où ils sont immédiatement enfouis

D'autres fois, lorsque la surabondance oblige à vider les étables et que l'état des fumiers, comme je viens de le dire, la saison ou l'état des terres ne permettent pas de les transporter, immédiatement là où il les faudra plus tard, on est encore réduit à les mettre dans les cours, où on leur donne toujours la forme indiquée plus haut. Quand la nécessité fait loi, on est bien obligé de la subir, mais au Brohet-Beffou, l'on s'efforce toujours, ainsi qu'on l'a vu, de garder le plus possible, dans les étables, tous les fumiers pour les y améliorer, et, de plus, les conserver à l'abri des pluies qui, lorsque les fumiers sont à l'extérieur, en font trop souvent une sorte de lessive, et à l'abri des ardeurs du soleil qui, trop souvent aussi, les dessèchent jusqu'à la fibre, inconvénient doublement fatal quand les deux causes viennent agir sur les mêmes fumiers, mais qui, dans l'un ou l'autre cas, suffit pour appauvrir toujours considérablement le fumier, par la perte de ses plus riches éléments de fertilisation.

Pour augmenter la production du fumier, but toujours poursuivi *per fas et nefas* en quelque sorte, j'emploie encore un autre moyen que j'appellerai un moyen mixte, parceque des fumiers chauds d'une part, et de l'autre des végétaux en pleine sève, sont alternativement superposés par couches et ainsi disposés, font une masse où la fermentation s'établit avec d'autant plus d'activité et d'intensité que la masse est plus grande, que les végétaux sont plus verts et que le fumier d'étable est plus énergique.

Les végétaux employés pour cette fabrication, sont généralement l'ajonc et le genêt; au bout de quelques mois, j'obtiens, par ce procédé, un excellent fumier, très riche en éléments azotés et minéraux, comme je l'ai fait remarquer ailleurs, à l'occasion des fumiers d'étable proprement dits, mais faits avec de l'ajonc. Le fumier chaud manquant, j'ai même, parfois, fait des meules uniquement avec les végétaux en question, dans lesquelles on laisse alors les eaux de pluies pénétrer le plus possible, tout en conservant à la masse un très gros volume, car, je le répète, plus la masse est volumineuse, plus la réaction est énergique.

Un avantage très important de ce procédé, c'est de produire sur le terrain même où l'on doit l'employer, le fumier dont on aura besoin plus tard, seulement, il faut y penser de bonne heure et l'y organiser plusieurs mois d'avance. A l'égard de ce moyen qui, comme on le voit, vient augmenter sur place la production des engrais, il y aurait beaucoup mieux à faire, mais je ne l'ai pas encore fait d'une manière complète, car je ne l'ai fait qu'avec de grosses herbes de marais, des bruyères, des tourbes presqu'entièrement ligneuses, etc., ce serait de superposer alternativement une couche d'ajonc, de genêt, de végétaux de toute nature qui ne peuvent servir à autre chose, et une couche de chaux, de composer ainsi une meule très-volumineuse, et de la bien couvrir avec des mottes, à la manière d'un four, par exemple.

Une fermentation effrayante s'y produirait bientôt, la fumée en sortirait comme d'un petit volcan et au bout de plus ou moins de temps, selon qu'on aurait mis plus ou moins de chaux, la fournée d'engrais serait faite.

Inutile de dire combien cet engrais serait riche et précieux, mais, ce qui peut être très-utile à faire remarquer, c'est que, dans les grands pays de landes, comme la Cornouaille, où tant de matières susceptibles d'être utilisées par le procédé dont je parle, restent s'effeuiller, sécher sur pied et se perdent complètement sans profit pour personne ni pour quoi que ce soit, il y aurait le plus grand intérêt à y introduire le procédé en question et à l'y populariser par tous les moyens possibles.

Ce qui a été dit ailleurs et ce qui vient d'être dit ici prouve assez que le fumier d'étable, *seul engrais complet,* a toujours été et reste plus que jamais au Brohet-Beffou la base de la culture.

Engrais incomplets ; leur rôle au Brohet-Beffou ; culture intensive ; Avances et restitution au sol.

Cependant tous les autres engrais, bien que chacun d'eux soit incomplet, c'est-à-dire, ne renferme pas, comme le fumier d'étable, tous les éléments nécessaires à la végétation et à ses produits, cependant tous les autres engrais n'en sont pas moins des auxiliaires très-puissants, et si puissants, à mes yeux, qu'à moins d'avoir un fumier exceptionnellement riche, je n'hésite pas à affirmer que, pour arriver aux plus grands rendements, quelle que soit la culture en question, il faut toujours ajouter au fumier d'étable, par l'engrais auxiliaire qui peut spécialement la donner, la *dominante* réclamée par chaque culture.

La betterave par exemple, demandant après l'azote, qui est sa première dominante, plus de potasse que de calcaire, on doit ajouter au fumier qu'on lui donne, moins de calcaire et plus de cendre non lessivée, parce que la cendre renferme des éléments potassiques. Au lin, très-avide de potasse, par la même raison, il faut surtout donner de la cendre. Au chanvre, très-avide de calcaire, il faut particulièrement du sable coquillier ou de la chaux. Au trèfle, très-avide de potasse, il faut donc beaucoup de cendre, toujours non lessivée. Pour le froment, l'orge, l'avoine et le seigle, dont les dominantes sont l'azote, pour avoir une belle végétation, et l'acide phosphorique, pour avoir et plus de grains et de plus beaux grains, il faut ajouter au fumier, si, par lui-même, il ne contient pas ces éléments en assez grande abondance, du guano, par exemple, qui apporte tout à la fois le surcroît d'azote et le surcroît d'acide phosphorique nécessaires au double succès désiré.

Si l'on redoutait un excès d'azote apporté par le guano, parce qu'il pourrait amener la verse, et, si l'on voulait cependant améliorer le grain de la future récolte par une plus grande quantité d'acide phosphorique, à la place du guano, on ajouterait simplement au fumier du phosphate fossile.

Quant à ces engrais, qu'on les emploie comme auxiliaires du fumier, ou seuls sans fumiers, car on les emploie aussi de cette dernière manière, mais chez moi très-rarement seuls, ils sont répandus en partie au moment des semailles et en partie au printemps, mais, dans ce dernier cas, toujours en couverture, excepté pour les orges qui, en général, les reçoivent au moment de la semaille, et quelquefois aussi en couverture, lorsque, plus tard, le besoin s'en fait sentir.

Si j'ai cité des exemples, c'est pour mieux exprimer ce que j'ai voulu dire et rendre plus saisissant ce qui se fait au Brohet-Beffon. J'avoue que je suis loin de faire et ce qu'il faudrait toujours faire et aussi bien qu'il faudrait toujours faire ; mais qu'on me permette d'avouer aussi qu'inspiré par la doctrine, par les praticiens les plus distingués et par ma petite pratique personnelle, mes efforts tendent, depuis longtemps et de plus en plus tous les jours, à réaliser chez moi et à provoquer partout l'application et les conséquences du grand système que je viens de synthétiser ici par un seul mot, celui de *dominante,* parce que, selon moi, ce mot est le *nec plus ultra* de la culture intensive qui, tout en généralisant sa puissance, c'est-à-dire en élevant toujours, par tous les moyens qu'elle possède, la fertilité du sol, spécialise, avec art ou plutôt avec science et logique, son action à l'égard de chaque culture, en agissant sur elle de telle sorte, par l'élément qui est sa *dominante,* qu'elle demande au sol et à chaque culture, tout ce qu'ils sont susceptibles de produire et qu'elle en obtient jusqu'à la quintescence, je veux dire des récoltes maxima ou les plus grands rendements possibles, sans jamais épuiser ni même affaiblir la fertilité du sol, car elle lui donne avant de lui rien demander et s'empresse, dès qu'elle a reçu, de lui rendre toujours plus qu'elle n'a reçu, ce qui est non-seulement satisfaire avec surabondance à la loi de la restitution, mais fonder, organiser et réglementer une nouvelle et véritable loi de création, car la culture intensive sait, comme la population des campagnes, que la terre est vieille, que son expérience date du commencement du monde et qu'elle ne donne pas longtemps sans recevoir à son tour ; aussi la culture intensive commence-t-elle par lui donner et lui donner beaucoup, ainsi qu'on l'a vu, avant de lui rien demander et s'empresse-t-elle de lui restituer, dès qu'elle a reçu et plus qu'elle n'a reçu.

Engrais azotés : Guano.

Le guano, quoique très-favorable à un grand nombre de cultures, est particulièrement donné aux céréales, quand le besoin s'en fait sentir, et dans les proportions déjà indiquées.

Chiffons de laine.

Les chiffons de laine, un des engrais les plus azotés et à très-long effet, comme l'on sait, ce qui le rend doublement précieux, donnent toujours une fertilité très remarquable, et, lorsqu'ils ont été enfouis en très-grande abondance, leurs effets sont tellement extraordinaires que, sous leur influence, le sol devient presqu'à l'état de graisse ; mais, malheureusement, leur prix trop élevé aujourd'hui, ne permet plus de les employer, dans les proportions voulues pour obtenir le grand résultat dont je viens de parler.

En décembre 1867, sur le premier labour donné à une terre qui, en 1868, devait porter des betteraves, deux hectares et demi reçurent 700 kilos de chiffons de laine, ce qui ne faisait que 280 kilos par hectare, mais chaque hectare n'en reçut pas moins, au second labour, la fumure ordinaire, c'est-à-dire, 70,000 kilos de fumier d'étable. Les betteraves n'eurent pas l'air de se douter de la présence des chiffons, mais les cultures suivantes subirent certainement leur influence, et, lorsqu'après cinq ans, j'ai rompu la pâture qui terminait la rotation de cette pièce de terre, j'ai trouvé le sol dans un état excellent et, chose que je n'avais, jusqu'alors, jamais rencontrée ailleurs, peuplé de lombrics remarquablement longs, gros et drus, comme dans un terrain qui aurait servi à enfouir des chevaux abattus.

Ce fait, qui m'a frappé, prouve que la terre est très grasse, et je ne m'explique là la présence de tous ces lombrics, eux-mêmes si drus, que par l'influence des chiffons qui y ont été enfouis ; je n'ose rien affirmer, je consigne ce que j'ai cru observer et voilà tout.

En 1868, trois hectares ont également reçu des chiffons de laine ; la végétation, à chaque sole, s'y est montrée satisfaisante, mais, attendu qu'ils sont sous foin, je n'ai pu juger, à leur endroit, de l'état intérieur du sol.

Engrais minéraux : Calcaire marin ou sable de mer ; chaux.

Le calcaire marin est généralement appliqué à la dose de 40 barriques à l'hectare, et la chaux proprement dite à la dose de 10 à 15 hectolitres, car je préfère le nécessaire, un peu abondant, aux surabondances inutiles, onéreuses et souvent très-nuisibles, ainsi qu'il peut en arriver de la chaux.

Le calcaire, dans les proportions ci-dessus indiquées, revient sur les mêmes terres, tous les 4 ou 5 ans, lorsque les graines de foin n'interviennent pas dans l'assolement et il est appliqué à la première sole de la rotation, c'est-à-dire aux plantes sarclées.

L'hectolitre de chaux, arrivé en gare de Plouaret, coûte 2 fr. 25.

Plâtre (sulfate de chaux).

Le plâtre a été expérimenté sur des trèfles, sur des céréales et sur des prairies, mais les résultats ont été sinon négatifs du moins très-peu sensibles, et le plâtre n'est pas revenu sur le domaine. Peut-être serait-il bon d'en faire de nouveau l'expérience sur des trèfles.

Phosphate fossile ; superphosphate des Anglais.

Le phosphate est plus particulièrement donné aux sarrasins en première culture, sur défrichement, par le double motif que l'acidité du sol rend le phosphate plus soluble, et que le sarrasin est très-avide d'acide phosphorique ; aussi les sarrasins sont-ils généralement splendides sur phosphate ; 800 à 1,000 kilos sont mis par hectare.

Les beaux résultats de mes sarrasins sur phosphate provoquèrent d'autant plus d'étonnement que le phosphate n'avait jamais été employé dans la contrée qui en ignorait jusqu'au nom ; nouveauté et beaux résultats réunis firent si bien, que le noir animal fut, on peut le dire, complètement abandonné au profit du phosphate, qui produit aujourd'hui presque tous les sarrasins du pays.

J'ai aussi appliqué le phosphate à des avoines faites sur pâture rompue, et les avoines furent très-satisfaisantes, mais peut-être le succès en fut-il dû à la décomposition des matières organiques du tissu herbacé, plutôt qu'au phosphate, car une autre expérience avec phosphate, sur une terre moins herbacée, laissa mes avoines maigres et chétives. Aucune expérience de phosphate sans fumier n'a été faite sur froment ; et celles faites sur prairies sont restées sans résultats appréciables.

En 1867, j'avais sur phosphate des colzas magnifiques et tellement drus qu'ils se tordaient comme des anguilles ; la récolte répondit aux apparences, et la graine fut superbe et très-abondante.

Cependant, cette terre n'avait jamais reçu de fumier, et, en plantant le colza, à la fin de septembre 1866, mon chef de culture et mes journaliers disaient : « Nous perdons ici du temps et de l'argent. » Aussi furent-ils plus qu'étonnés, lorsqu'après l'hiver, ils virent la belle végétation de la plantation et, plus tard, le beau rendement de la récolte.

On serait donc tenté d'en conclure qu'il faut au colza beaucoup de phosphate de chaux, mais, comme l'azote est proclamé par la science et par mes maîtres en culture, la dominante du colza, je m'incline avec empressement devant leur expérience et leur autorité ; quoi qu'il en soit, j'ai voulu signaler ici le fait qui s'est produit dans mes cultures et dont j'ai toujours les preuves, ayant conservé de cette récolte un certain nombre de tiges qu'on peut voir encore aujourd'hui au Brohet-Beffou.

Je signalerai de plus que le phosphate développe beaucoup l'oseille sauvage et la fait naître, parfois en très-grande abondance, là où elle n'existait pas antérieurement.

Le même effet a été également produit, chez moi, après une culture de pommes de terre traitée par les engrais chimiques, dont on parlera plus loin, et qui, leur dominante, c'est-à-dire la potasse, ayant été absorbée, presqu'en totalité, par la récolte de pommes de terre, laissèrent, dans le sol, un fort reliquat de superphosphate de chaux appelé, comme on le sait, superphosphate des Anglais, parce que les Anglais en ont été les premiers inventeurs et ont été les premiers à en faire largement l'application.

J'ai cru remarquer aussi que les effets du phosphate se font sentir longtemps, je ne le ramène donc pas souvent seul sur les mêmes terres ; mais j'ai toujours soin d'en faire saupoudrer mes fumiers dans les étables, comme je l'ai déjà dit.

Cendres.

Les cendres sont appliquées à tout, pour ainsi dire, mais dans des proportions très-variables; leur effet se prolonge pendant deux ans, et parfois même pendant trois ans.

Engrais chimiques, système Georges Ville.

Les engrais chimiques ont été aussi expérimentés au Brohet-Beffou, d'après l'enseignement et les pratiques de M. Georges Ville. La première expérience fut faite, en 1869, sur quatre hectares de betteraves mises elles-mêmes sur fumier; l'engrais complet n° 2, pour betteraves, n'y fut donc appliqué que comme complément d'engrais. Le résultat fut très, très-marqué, et les betteraves qui avaient reçu ce complément furent bien supérieures à celles qui n'avaient pas reçu l'engrais chimique.

En 1870, deux nouvelles expériences furent faites, la première sur betteraves et la deuxième sur pommes de terre.

Celle sur betteraves ne fut plus faite avec l'engrais complet pour betteraves, mais seulement avec les deux éléments qui forment les deux principales dominantes de la betterave, c'est-à-dire l'azote et la potasse. 1,300 kilos de nitrate de potasse et de nitrate de soude, furent donc appliqués sur quatre hectares et demi de betteraves, après le deuxième binage, ce qui donnait 289 kilos d'engrais auxiliaire par hectare. Le rendement fut de 250,000 kilos, donnant 55,500 kilos par hectare, résultat très-satisfaisant, comme on le voit, et l'expérience fut très-favorable au nitrate de potasse et au nitrate de soude, car, sur les 25 ares qui n'en reçurent pas, le rendement fut proportionnellement très-inférieur.

Ces quatre hectares et demi avaient reçu les 70,000 kilos de fumier habituellement donnés par hectare.

La deuxième expérience fut faite sur pommes de terre, ainsi qu'on va le voir.

Un hectare, sur son premier fumier, car il n'en avait pas reçu d'autre, depuis son défrichement, avait porté :

Première année. — Betteraves, avec un mètre cube de fumier par are.
Deuxième — — Orge avec trèfle.
Troisième — — Trèfle.
Quatrième — — Avoine avec graines de foin.
Cinquième — — Foin.
Sixième — — Foin.

En mars 1870, l'engrais chimique n'arrivant pas et la saison avançant, 1,000 kilos de pommes de terre furent toujours plantés au grand plantoir, mais sans aucune espèce d'engrais. Huit jours après, arriva l'engrais chimique, et, à la dose de 1,000 kilos, il fut immédiatement répandu sur l'hectare en question, avec hersage avant et hersage après.

Depuis ce moment, jusqu'à la récolte, cette culture ne reçut que les soins ordinairement donnés. Il n'y eut pas un vide dans les rangs et la végétation se montra luxuriante jusqu'à la fin.

De tous côtés on vint voir l'expérience.

De plus, un groupe d'agriculteurs distingués voulut bien, à mon invitation, se réunir au Brohet-Beffou, pour y passer la journée et visiter ses cultures. Ces messieurs aussi restèrent profondément étonnés de la magnifique apparence de l'hectare de pommes de terre et tous quittèrent en me disant : « Il faudra nous faire connaître ce qu'il donnera. » Au commencement d'octobre, les pommes de terre furent tirées, et la récolte donna 14,000 kilos d'excellentes et si belles pommes de terre, que presque toutes, furent bonnes pour la vente. Une chose bien remarquable aussi, c'est que la maladie ne s'y manifesta sur aucun point, et qu'elles se conservèrent parfaitement saines.

Les 1,000 kilos d'engrais avaient coûté :

Prix d'achat..................	270 fr. » »	
Port et camionnage...........	25 30	295 fr. 30

La récolte ayant donné 14,000 kilos de pommes de terre, à 7 fr. les 100 kilos, prix de vente, produisit 980 fr. :

Récolte	980 fr.	» »
Engrais	295	30
Bénéfice		684 fr. 70

D'où il faut déduire les frais de semence, de culture, etc., ce qui n'en laisse pas moins un résultat très-beau.

Le système devait être continué sur le même hectare, par une sole de froment avec 300 kilos de sulfate d'ammoniaque, toujours sans fumier d'étable. Mais Paris fut fermé par la guerre, et, de toutes parts, on ne vécut, l'agriculture comme le reste, que pour résister à l'invasion et à l'étranger. Le sulfate d'ammoniaque manqua donc; cependant j'en découvris un peu qui avait été oublié au fond d'un sac, chez moi, et avec ce peu, je continuai l'expérience, mais sur deux ares seulement, n'ayant pas les moyens de la faire plus étendue.

A la fin de novembre 1870, le froment fut semé sur ces deux ares, et le sulfate d'ammoniaque, immédiatement répandu, fut bien mêlé à la terre par un hersage. Le froment leva parfaitement et conserva sa belle couleur; au printemps, il fut hersé, du trèfle fut semé par dessus, et légèrement hersé ensuite.

Froment et trèfle donnèrent, en août, de beaux résultats; mais, à la fin de septembre, le trèfle, qui était de provenance inconnue, se couvrit de cuscute et je dus tout détruire, pour éviter la contagion et préserver mes grandes cultures de trèfle de ce terrible fléau.

Là s'arrêtèrent donc, par la force des choses, les expériences que j'aurais bien voulu poursuivre. Ce que j'ai fait, ne l'a été que dans des proportions très-limitées; cependant, j'ai cru utile de donner ces détails en passant, sans rien conclure, je le déclare, car je n'ai que le devoir d'écouter au milieu des grands débats et des luttes ardentes qui, chaque jour, se produisent au sommet de la science, sans donc rien conclure, je le répète, si ce n'est que la chimie peut apporter aux fumiers d'étable et aux cultures de nombreux et très-puissants auxiliaires.

Tout ce que je viens de dire et de grouper ici relativement à la manière dont la grande question des engrais est comprise et appliquée au Brohet-Beffou, prouve assez que l'engrais est, pour moi, le levier qui triomphe de toutes les résistances et le moyen qui rend tous les succès possibles, sinon certains, ce qu'il ne peut infailliblement promettre, car le succès agricole est soumis, comme toute chose de ce monde, à mille et mille circonstances imprévues, mais, il n'en reste pas moins vrai, l'expérience de chaque jour le prouve, que l'agriculture qui sème dans le fumier est sûre de récolter au centuple.

Cet axiome qui a certainement fait, plusieurs fois, le tour du monde, écouté et mis en pratique dans certains pays, mais le plus souvent méconnu et dédaigné, vint aussi, un jour, débarquer sur nos rivages, jour fortuné pour nos populations, parce qu'elles surent, non-seulement le saluer et l'accueillir comme le messager du génie de l'agriculture, mais encore lui vouer une sorte de culte et, sous les inspirations de notre vieille langue celtique, consacrer sa toute puissance par ce dicton à la fois légendaire et historique :

<blockquote>Aret a-dreûz, aret a-héd ;
Tempzet kaër hag é pô éd (1).</blockquote>

On sait quelle a été leur récompense, lorsqu'on visite notre beau littoral qui, avec un juste orgueil, s'entend appeler partout la ceinture dorée de la Bretagne.

Cependant, à ce vieil adage qui a longtemps été réputé pour être la vérité absolue et le dernier mot de la perfection possible, j'ajouterai, à l'honneur du progrès agricole moderne, que le passé s'était fait illusion et que le vieil adage ne peut être l'expression de la vérité, qu'à la condition d'accepter l'assolement alterne et de se soumettre sans réserve et de tout cœur au

---

(1) Labourez en travers, labourez en long, n'importe comment ; mais fumez beaucoup et vous aurez toujours du grain.

principe de l'alternance, dans les cultures, tel que la science et la pratique intelligente en démontrent aujourd'hui la nécessité et les immenses avantages.

Plus tard et particulièrement par le système de M. Georges Ville, arriverons-nous à mieux, à nous passer d'assolement et à nous dire : « Je veux avoir telle ou telle récolte; j'ai en mains les engrais, c'est-à-dire le moyen de la produire et je la produirai; puis, toujours par le même moyen, je produirai la même récolte sur la même terre, pendant deux, trois, quatre et cinq ans, en un mot, pendant autant d'années que je le voudrai et cela, tout en maintenant la propreté et la fertilité de ma terre. » Y arriverons-nous ? certes, je le désire ardemment et je souhaite de tous mes souhaits que la solution de ce grand problème soit affirmative et triomphante; l'avenir en décidera.

Mais à chaque jour suffit sa peine et son profit, dit le proverbe, et, tout en appelant de tous mes vœux ce nouveau progrès qui, s'il sait se traduire et se généraliser par des bénéfices pour l'agriculture, deviendra le signe d'une ère nouvelle ou plutôt d'une véritable et profonde révolution au point de vue agricole, j'attends et, en attendant, je confie mes intérêts culturaux à l'intelligente et logique méthode des fumures intensives et de l'assolement alterne combinés, méthode dont j'ai déjà parlé, dont je viens de parler encore, qui, depuis longtemps, je le répète, est sanctionnée par les plus hautes autorités de la science et de la pratique et qui, tous les jours, fait ses preuves, non-seulement au profit de ceux qui veulent bien la méditer et l'adopter pour base fondamentale de leurs cultures, mais encore au profit de tous, en élevant de plus en plus le niveau de notre richesse nationale.

Au Brohet-Beffou, l'engrais combiné avec l'assolement alterne est donc tout ou, si on l'aime mieux, tout est donc dans l'engrais combiné avec l'assolement alterne, les autres conditions, que j'appelle secondaires quoique très-importantes, la manière de faire les labours, par exemple, etc., etc., recevant toujours complète satisfaction, bien entendu.

On a sans doute remarqué aussi que des engrais, autres que ceux indiqués par des titres spéciaux, ont été expérimentés avec plein succès dans mes cultures et, à ce double titre, ils auraient dû avoir chacun leur petite notice particulière. Comme je n'en ai parlé qu'à l'occasion du système de M. Georges Ville, et chacun d'eux, cependant, pouvant être un très-puissant auxiliaire pour telle ou telle culture, dans notre pays comme ailleurs, je vais y revenir, en quelques mots, en disant tout simplement que le sulfate d'ammoniaque, engrais minéral, très-riche en azote, est particulièrement appliqué aux céréales, au colza, aux betteraves et aux prairies, mais que le nitrate de potasse, engrais minéral aussi, tout à la fois très-riche en azote et en potasse, doit être préféré au sulfate d'ammoniaque pour les betteraves, parceque la betterave est tout à la fois très-avide d'azote et de potasse; les autres cultures auxquelles doit être encore particulièrement appliqué le nitrate de potasse, sont celles de trèfle, de vesces, de lin et de pommes de terre, parce qu'elles sont très-avides de potasse.

Quant au nitrate de soude, engrais minéral également, et très-riche en azote, il doit, par cela même, être appliqué comme le sulfate d'ammoniaque, aux cultures avides d'azote.

Enfin, le phosphate de chaux qui convient particulièrement au blé noir, ainsi que je l'ai dit, page 40, convient particulièrement aussi aux turneps et aux rutabagas, parce qu'ils sont, comme lui, très-avides d'acide phosphorique, mes cultures m'en ont souvent et très-heureusement donné la preuve; au reste, on sait avec quel prodigieux succès les Anglais font leurs grandes cultures de turneps, grâce au superphosphate de chaux.

L'immense avantage des engrais chimiques, c'est que, pour son argent, on sait ce qu'on a et l'on a ce qu'on veut, avec cet autre avantage, bien grand encore, d'avoir un engrais très-riche sous un volume relativement très-réduit, au lieu de ces chargements de matières inertes et inutiles qui entrent généralement dans les engrais composés par la spéculation, au milieu desquels les éléments fertilisants sont comme perdus, s'ils y sont réellement et dont le transport est aussi onéreux qu'écrasant, le tout pour arriver trop souvent à ces tristes résultats : argent, récolte, temps et peine perdus.

Je me hâte d'ajouter qu'il y a certainement d'honorables exceptions dans les spécialités qui fabriquent les engrais commerciaux, mais il est évident que toutes les fois qu'on peut se procurer, isolément et sans mélange, chacun des principes fertilisateurs du sol, il est cent fois préférable d'exclure les engrais composés et de n'employer que les engrais purs, appelés engrais chimiques uniquement en raison de leur valeur intrinsèque définie et formulée par la chimie elle-même, qui ne procède jamais qu'avec la science pour l'enseignement des vérités et l'application à l'agriculture, à la médecine, aux arts et à l'industrie des produits et des éléments qui sont particulièrement de son domaine ; seulement, je déplore que les prix, pour se procurer les engrais chimiques, deviennent de plus en plus élevés, par le prix de premier achat et par le prix que les chemins de fer imposent à leur transport.

Des cultures toujours mobiles, se succédant tous les ans et souvent même plusieurs fois par an, nous arrivons à celle qui reste toujours la même, mais qui n'en est que plus précieuse, aujourd'hui, surtout, où la main d'œuvre tend à devenir de plus en plus rare et de plus en plus exigeante; cet immense avantage et ceux plus grands encore, qui, par ailleurs, se pressent autour de lui, réclament donc à bon droit, sur le domaine, la première place d'honneur pour la prairie, car c'est d'elle dont il est question, on l'a, sans doute, de suite compris; mais la permanence et la nature même de la prairie lui faisant une vie un peu à part, j'ai dû la traiter de la même manière et lui faire sa place ici.

Prairies ; irrigation.

Dès le début, *prairies*, *terres labourables*, *bois*, telles furent, on s'en souvient, les trois grandes divisions inspirées par la nature même des choses, et cependant, bien que les prairies fussent au premier rang, il n'en a pas encore été question, car, lorsque j'ai parlé de prairies intervenant plus ou moins dans l'assolement, m'ayant rendu et me rendant toujours de très grands services, je n'ai parlé que de prairies en quelque sorte volantes, qu'on veuille bien me permettre le mot, venant chacune à leur tour, avec leur raison d'être, mais disparaissant aussi chacune à leur tour, avec leur raison de ne plus être ; de là à la prairie proprement dite, c'est-à-dire à la prairie permanente, il y a donc une immense différence, et c'est à cause même de cela que l'une a pu et devait se montrer, alors que l'autre devait prendre patience et attendre longtemps avant de se produire.

En effet, la prairie proprement dite, pour laquelle on veut longue durée et de laquelle on veut toujours des produits satisfaisants par la qualité et l'abondance des rendements, la prairie, en un mot, doit être établie dans des conditions toutes spéciales et avec des soins tout particuliers, sans compter ceux d'entretien qui devront lui être donnés au fur et à mesure qu'elle en aura besoin ; voilà pourquoi, après le dessèchement par le drainage et l'établissement de réservoirs comme moyens d'irrigation, j'ai mis tant d'années à préparer des terrains pour prairies et que je n'ai commencé qu'en 1870 à en créer de permanentes.

Cette préparation, en plus du dessèchement par les ruisseaux à ciel ouvert et par le drainage proprement dit, s'est traduite, au Brohet-Beffou, par trois principales exigences, parmi toutes celles qui, selon moi, devaient me conseiller d'agir comme je l'ai fait, ce sont : l'assainissement, la fertilisation et le dressage des terres.

L'assainissement ne pouvait se réaliser que sous des influences souvent renouvelées, longtemps prolongées et tout à la fois mécaniques, physiques et chimiques ; de là la nécessité, pendant plusieurs années, d'une culture en toute règle, avec les façons, les engrais, l'assolement et les récoltes réclamés par l'état et la nature même des terres.

Il fallait purger non-seulement les terrains marécageux, mais encore les terrains secs, et cela ne pouvait être obtenu que par un long traitement, je le répète, car, dans les conditions où se trouvait le domaine, si l'on avait voulu improviser et créer à la hâte des prairies permanentes, on aurait vu renaître fatalement, croître plus vite que les bonnes semences et les étouffer, dans les terres humides, les joncs, les carex, toutes les herbes de marais, puis, sur les terrains secs, la bruyère et la fougère, presqu'indestructibles, comme on le sait, et qui ne disparaissent, définitivement, que sous l'action multiple et persévérante d'une culture longtemps prolongée.

Quant à la fertilisation des terres, elle devenait la conséquence forcée de mon procédé d'assainissement, ce qui le rend doublement précieux et justifie, à double titre, son application.

Enfin, le dressage des terres me semblait aussi s'imposer avant la création de prairies permanentes, ainsi que je l'ai fait observer, et, à mon sens, rien que le mot dit, tout à la fois, la nécessité, l'importance et l'économie de cette opération, car il dit assez qu'elle consiste à prendre partout la nature telle qu'elle est, pour ne chercher qu'à régulariser ses formes, en dressant les surfaces dans le sens des plans imposés par les pentes naturelles du terrain, et à exclure, avec le plus grand soin, ce que j'ai constamment évité avec une volonté inflexible, c'est-à-dire les nivellements, parcequ'ils se formulent forcément et toujours par déblai et remblai, deux opérations ruineuses en agriculture ; et d'ailleurs, toutes les fois qu'on peut conduire es eaux sur le sommet de terrains un peu mouvementés, la course de l'eau d'irrigation est plus rapide, il faut moins d'eau et la même eau a une efficacité plus étendue, quoique toujours limitée, comme toute eau qui sert à irriguer ; de plus, les foins y sont de qualité supérieure et l'on n'est jamais exposé, comme sur les pentes trop lentes, à donner aux terres une surabondance d'humidité, inconvénient très-grave et qui est **un des plus grands dangers de l'irrigation**, surtout dans un pays où le sol et le climat sont déjà trop froids et trop humides par nature ; ce danger est même si grand, à mes yeux, que si j'osais résumer ici mon appréciation, je dirais dans notre pays, l'irrigation ne doit être, en général, qu'une sorte d'arrosement plutôt qu'une véritable irrigation.

Le dressage des terres ne pouvant se réaliser que sous l'influence successive de chaque labour nécessité par chaque culture, est donc une opération qui exige et temps et patience, mais, en retour, elle se fait sans frais et en laissant toujours à la surface, contrairement aux nivellements, l'humus et la terre arable au profit des cultures.

Le dressage des terres était donc le système qui s'imposait, et il se trouve d'autant plus justifié qu'il l'est non-seulement par la loi économique, mais encore par toutes les lois naturelles, particulièrement au point de vue des eaux, du sol, du climat et de la prairie permanente désirée dans l'avenir, avec le double avantage en plus d'être une nouvelle conséquence, *sans frais*, du procédé d'assainissement dont j'ai parlé et de contribuer, avec lui, à la fertilisation des terres.

Un motif dont je n'ai pas parlé, mais dont je dois parler ici cependant, parce qu'il est entré largement en ligne, parmi tous les autres, pour me faire ajourner, pendant longtemps, la création de prairies définitives, c'est l'assolement alterne adopté et mis en pratique, dès le début de ma culture, toutes les fois qu'une terre recevait sa première fumure et dont je voulais tirer tout le profit possible, par une longue succession de récoltes données par le même fumier, ce qui se faisait avec d'autant plus d'avantage que l'assolement se terminant par des prairies volantes me donnait grande quantité et excellente qualité de foin, me permettant, par cela même, de prendre tout le temps désirable pour créer une prairie permanente.

Mais, craignant, à la fin d'une première rotation de 6, 7 ou 8 ans, d'établir des prairies définitives dans de mauvaises conditions, je ne les ai établies et je ne les établis que sur la deuxième sole de la deuxième rotation, c'est-à-dire sur la sole qui suit les plantes sarclées de cette deuxième rotation, condition qui m'assure, tout à la fois, fonctionnement éprouvé des drainages, assainissement, fertilité, dressage et propreté des terres, après le bénéfice d'une longue succession de récoltes, ainsi que je l'ai dit. Au reste, je suis heureux que ces détails se soient rencontrés ici, parce qu'ils prouvent l'enchaînement des principes et des pratiques de ma culture dès ses débuts, et qu'ils sont la démonstration irréfutable de l'application de l'assolement alterne, jusque dans ses dernières conséquences, à toute terre qui a reçu ou reçoit son premier fumier.

Au Brohet-Beffou, ces prairies ne sont donc jamais établies que sur une erre qui vient de porter une culture de plantes sarclées, ce qui fait qu'elles sont toujours sur une terre riche et très-propre, chose indispensable, selon moi, et ce qui ne l'est pas moins, c'est qu'elles ne sont créées qu'avec un choix de graines assorties et spécialement appropriées à la nature du climat et à la nature du sol.

Cette dernière précaution a été prise, même pour des prairies volantes, lorsqu'elle devait avoir une durée relativement longue, quoique provisoire. Aussi, au printemps de 1866, une prairie de ce genre, contenant 4 hectares, fut semée avec le mélange suivant, dont M. Vilmorin, par lettre du 6 avril 1866, m'annonçait l'expédition.

Pour un hectare :

4 kilos	houque laineuse.
3 —	fétuque des prés.
3 —	id. élevée.
2 —	id. durette.
1 —	vulpin des prés.
4 —	ray-grass anglais.
5 —	fromental.
1 —	brôme des prés.
1 —	dactyle pelotonné.
4 —	fléole des prés.
2 —	agrostis herd-grass.

A reporter... 30 kilos.

Report... 30 kilos.
       1 —   agrostis vulgaire.
       1 —   id.   traçante.
       2 —   cretelle.
       1 — 400 gr. paturin commun.
       3 —   — trèfle blanc.
       1 —   — id. rouge.
       1 —   — id. hybride.
       1 —   — lupuline.
       0 — 400   — lotier velu.
       0 — 200   — jacée des prés.
      42 kilos 000

Ce mélange me donna d'excellents résultats ; aussi, depuis, l'ai-je toujours employé, et c'est encore avec lui, venu comme d'habitude de chez M. Vilmorin et semé sur des orges, que j'ai créé, cette année, au mois d'avril, six hectares et demi de prairies, et, qu'en septembre de cette même année, deux nouveaux hectares seront créés de la même manière, le tout pour rester prairies ; seulement, dans le mélange, j'ai fait supprimer et remplacer par d'autres graines les agrostis (vulgairement connus sous le nom de chiendent), parce que notre sol en produit naturellement au point qu'ils deviennent un véritable fléau pour les cultures où l'assolement alterne, seul moyen d'avoir des terres et des grains propres, n'est pas adopté, ce qui, malheureusement, veut dire à peu près partout, l'assolement alterne n'étant adopté presque nulle part.

On voit donc qu'au Brohet-Beffou, on est complètement entré dans la période de transformation définitive et que le moment est arrivé de faire passer, sous le régime de la prairie permanente, des surfaces considérables, ce qui va se réaliser dans de vastes proportions et très-rapidement désormais, car une grande partie de mon ancien marais a été longtemps soumise à la culture intensive et demande maintenant à devenir prairie.

Bien qu'organisé, depuis le début de l'entreprise, le système d'irrigation n'a pu, jusqu'à présent, fonctionner, à cause même des principes et de la méthode mis en pratique pour obtenir d'une manière permanente, par des cultures prolongées, l'assainissement, la fertilisation et le dressage des terrains destinés à devenir prairies ; mais s'il n'a pu fonctionner d'une manière permanente, il l'a fait d'une manière provisoire sur des prairies provisoires ; ainsi il l'a fait sur les prairies volantes créées en 1866.

L'irrigation a encore été appliquée ailleurs, mais par une sorte de submersion, lorsque les eaux étaient très-limoneuses, par suite de grandes pluies.

Enfin, au-dessous du jardin, une prairie grasse, créée depuis quelques années, est irriguée par les eaux d'un lavoir alimenté lui-même par une fontaine ; les eaux qui sont massées à volonté sont conduites d'une extrémité à l'autre de la prairie par une rigole principale, établie parallèlement au ruisseau de décharge de ce réservoir, mais sur l'acôtement le plus élevé de ce ruisseau, de manière à dominer toute la prairie et à y répandre les eaux où l'on veut, par de petites rigoles, partout, sous un angle plus ou moins ouvert de la rigole principale, et disposés parallèlement aussi entr'elles.

De plus les eaux de la cour viennent se masser, elles aussi, dans un petit réservoir d'où une rigole les conduit, au moment voulu, à la rigole principale de la prairie qui reçoit ainsi, non-seulement les riches eaux du lavoir, mais encore les eaux de fumier descendant de la vaste cour du domaine.

C'est ainsi que sous différentes formes et selon les circonstances, l'irrigation a été pratiquée jusqu'à ce moment ; au reste, si pour les motifs indiqués plus haut, le grand système n'a pu encore fonctionner d'une manière permanente, au printemps prochain il sera appliqué dans les conditions générales du plan d'irrigation fait simultanément avec celui de drainage, dont les détails, le jeu et l'harmonie demandent maintenant à être connus.

Pour exposer et bien faire comprendre le système d'irrigation organisé, **dès le début, au Brohet-Beffou**, et qui fonctionnera au printemps prochain, je le répète, je vais me permettre de reproduire, ici, la note qu'à la session générale de 1868, j'ai eu l'honneur de présenter à la *Société des agriculteurs de France,* section de génie rural, présidée par M. Hervé-Mangon, ingénieur en chef des Ponts et Chaussées, sur les travaux de drainage et d'irrigation, et particulièrement, sur ceux du Brohet-Beffou.

Je sais que des répétitions, sur plusieurs choses déjà signalées, vont être inévitables et que ces redites paraîtront fastidieuses ; quoi qu'il en soit, j'espère qu'on me les pardonnera, à cause des nécessités qui s'imposent, toutes les fois qu'on reproduit textuellement des rapports ou des articles déjà imprimés.

J'extrais ce rapport de la publication intitulée : COMPTES RENDUS DES TRAVAUX DE LA SOCIÉTÉ DES AGRICULTEURS DE FRANCE, *(session de décembre 1868)*, ANNUAIRE DE 1869.

Note sur les travaux de drainage et d'irrigation, présentée par M. de Troguindy.

Tout système d'irrigation exigeant préalablement, selon nous, un terrain parfaitement bien assaini, exigence qui, en général, n'est pas assez comprise, on a commencé par organiser, au Brohet-Beffou, un premier système de dessèchement et d'assainissement au moyen de larges fossés à ciel ouvert dont le plus important a été établi à la partie la plus basse du domaine, sur une longueur de plus de 800 mètres, pour recevoir le principal ruisseau et tous ses affluents, dont la direction, la profondeur, la largeur et la pente ont été calculées de telle sorte qu'ils sont tout à la fois des moyens de dessèchement, surtout au moment des grandes pluies, et des moyens d'irrigation par les barrages qu'on peut y établir à volonté lorsqu'arrive la saison d'irriguer.

Après s'être ainsi rendu maître de tous les cours d'eau et avoir créé, du même coup, un premier système de dessèchement et d'irrigation, on a établi un vaste drainage proprement dit dont les drains en tuyaux sont en moyenne à 1^m20 de profondeur et à 10 mètres les uns des autres, mais tous posés dans le sens de la plus grande pente du terrain, système infiniment plus énergique et plus efficace que celui qui coupe obliquement la pente du terrain.

Chaque section de drain aboutit à un collecteur, et tous les collecteurs déversent leurs eaux soit dans les affluents du grand ruisseau, soit dans le grand ruisseau lui-même, base de tous les travaux de dessèchement qui ont parfaitement bien réussi.

On a ensuite organisé un système non moins complet d'irrigation, en établissant deux réservoirs en tête des principaux ruisseaux, et, sur les points qu'ils ne peuvent arroser, deux autres réservoirs *uniquement alimentés par les eaux mêmes de drainage*, moyen trop négligé encore d'utiliser les eaux souterraines au profit du bétail et de l'irrigation des prairies.

Chaque réservoir n'a que 1m30 de profondeur, afin de permettre aux eaux de s'assainir plus vite, de se réchauffer en quelques heures et de s'approprier, à chaque instant, dans toute leur masse, les principes fécondants de toutes les influences atmosphériques.

Deux rampes, larges chacune de 3 mètres, descendent dans chaque réservoir et permettent à des tombereaux d'entrer par un côté et de sortir par l'autre, en traversant le réservoir mis à sec à volonté, et dont les bas-fonds deviennent au bout de quelques mois de précieux dépôts d'engrais très-riches en matières organiques en même temps que de véritables nitrières.

De plus, les animaux trouvent partout des abreuvoirs à leur disposition, grâce aux conduites d'eau à ciel ouvert et surtout aux réservoirs qui, établis ainsi qu'il a été dit sont, au milieu d'abondants pâturages, comme des piscines, dont chevaux et bétail se plaisent à user fréquemment pendant les grandes chaleurs de l'été.

De ces quatre réservoirs partent des conduites d'eau à ciel ouvert qui, à volonté, par un jeu de vannes très-simple, se remplissent de belle eau bien oxygénée; ces conduites d'eau, à des points déterminés, sont elles-mêmes entrecoupées par de petites vannes plus ou moins multipliées, et ainsi telles ou telles sections ou tout l'ensemble de cette mmense prairie, d'une surface non interrompue de 75 hectares, reçoivent à leur jour et à leur heure l'irrigation qu'ils réclament.

Cette grande entreprise, ne datant que de quelques années, n'est pas encore terminée et ne devait pas l'être, car un terrain qu'on prend à l'état sauvage ne se transforme pas à la minute en prairies fertiles et durables, chose qu'on veut souvent obtenir au bout de quelques mois et qui se termine toujours par des insuccès, et trop fréquemment par des ruines; aussi, au Brohet-Beffou, le terrain, parfaitement desséché par tout l'ensemble des moyens décrits plus haut, n'est soumis au régime de la prairie et au système d'irrigation dont on a également parlé, qu'après plusieurs années de culture intensive, seul moyen d'arriver de néant à une création pleine de vie et d'avenir, marquant chacune de ses années par les plus riches rendements que la prairie puisse produire.

Le domaine de Brohet-Beffou, dont la contenance totale est de 175 hectares, n'était qu'un mauvais débris de forêts, n'offrant aux regards, il y a huit ans, que des souches de chênes et de hêtres coupés ras-terre, des bruyères, des ronces et des épines, puis des marais; c'est cette dernière partie qui successivement se convertit en belle et bonne prairie, dans le périmètre des 75 hectares dont il a été particulièrement question, et dont le plan, avec son système de desséchement et son système d'irrigation, a été soumis à la section de génie rural et de mécanique agricole, qui, par acclamation, a bien voulu nous demander des détails tout spéciaux, et nous adresser les félicitations les plus chaleureuses. Qu'il nous soit permis de lui adresser, à notre tour, nos plus sincères remerciements et de lui dire que ses félicitations, qui sont une sanction pour nos travaux, sont et resteront un honneur pour nous.

Je dois ajouter que MM. les Ingénieurs des Ponts et Chaussées, qui sont, en grand nombre, membres de la *Société des Agriculteurs de France* et spécialement de la section de génie rural, me firent de plus l'honneur de me demander, unanimement et séance tenante, par l'organe de M. Hervé Mangon, le plan de mes travaux, pour le déposer aux archives de l'Ecole des Ponts et Chaussées, nouveau témoignage aussi encourageant que flatteur pour mon entreprise.

Je prie donc la section de génie rural de la *Société des Agriculteurs de France*, son savant et digne président, et MM. les Ingénieurs des Ponts et Chaussées de recevoir ici la nouvelle expression de ma reconnaissance.

Le plan de mes travaux à l'Ecole des Ponts et Chaussées.

Au témoignage excessivement flatteur dont il vient d'être parlé, je n'ai répondu, je m'en fais ici publiquement le reproche, que dans le mois d'octobre 1876, date à laquelle j'ai eu l'honneur d'adresser à M. Hervé Mangon, copie de mon plan de drainage et d'irrigation. En retour, M. Hervé Mangon a bien voulu me répondre.

Lettre de M. Hervé Mangon,

Commandeur de la Légion d'honneur, Ingénieur en Chef des Ponts et Chaussées,
Membre de l'Institut et de la Société nationale d'agriculture.
Professeur d'hydraulique agricole à l'Ecole des Ponts et Chaussées,
Directeur du Conservatoire des Arts et Métiers,
Président du bureau météorologique de France, etc., etc.

N° 69, rue Saint-Dominique, le 31 mars 1877.

MONSIEUR LE COMTE,

J'ai reçu en effet, en son temps, le beau plan de drainage que vous avez pris la peine de déposer chez moi, au mois d'octobre dernier. Je ne vous en ai pas accusé réception à cette époque, parce que je n'étais pas sûr de vous bien adresser ma lettre, d'autant plus que plusieurs noms écrits sur l'enveloppe du rouleau concouraient à augmenter mon incertitude.

Je vais prendre pour moi-même une copie de ce plan et le remettre en votre nom à la Bibliothèque de l'Ecole des Ponts et Chaussées, pour qu'il puisse servir à l'instruction des élèves.

Les explications, insérées page 387 de l'Annuaire de 1869 de la Société des Agriculteurs de France, sont extrêmement intéressantes, mais elles demandent une suite et quelques compléments, après vingt années écoulées depuis leur rédaction. Oserai-je vous demander, Monsieur le Comte, de vouloir bien joindre quelques notes nouvelles au plan de vos beaux travaux, si vous avez continué à développer vos cultures. Les prairies ont-elles continué à s'étendre et à s'améliorer? Les dépenses qui ont dû être considérables, et qu'il serait bien intéressant de connaître, au moins d'une manière approximative, sont-elles couvertes par le revenu? Quelle est enfin la nature du *sol* et du sous-sol à 1 mètre ou 1 mètre 20 de profondeur? Vous savez que le laboratoire de l'Ecole des Ponts et Chaussées se fera un plaisir d'analyser gratuitement les échantillons de terre que vous lui remettrez.

S'il pouvait vous être agréable, Monsieur le Comte, que le plan de vos travaux de drainage et d'irrigation et la note que vous jugerez utile d'y joindre soient mis sous les yeux de la Société centrale d'Agriculteurs de France ou de la Société d'encouragement, je me ferais un plaisir d'être votre interprète dans cette circonstance.

Veuillez agréer, Monsieur le Comte, l'assurance de mes sentiments les plus distingués et les plus dévoués,

Hervé MANGON.

Enfin M. L. Emmery, m'a honoré aussi de la lettre ci-après :

Lettre de M. L. Emmery.

Officier de la Légion d'honneur, Inspecteur général des Ponts et chaussées,
Inspecteur de l'Ecole des Ponts et Chaussées.

ÉCOLE
des
PONTS ET CHAUSSÉES

Paris, le 17 avril 1877.

Monsieur le Comte,

Monsieur l'Ingénieur en chef Hervé Mangon, professeur d'hydraulique à l'Ecole des Ponts et Chaussées, vient de me remettre de votre part la copie d'un plan de drainage et d'irrigation de votre propriété près de Lannion.

Je m'empresse, Monsieur le Comte, de vous accuser réception de ce don et de vous en remercier au nom de l'Administration de l'Ecole.

Votre intéressant travail sera inscrit sur les inventaires et catalogues de la Bibliothèque de l'Ecole.

Veuillez recevoir, Monsieur le Comte, l'assurance de mes sentiments les plus distingués.

L'Inspecteur général, Inspecteur de l'Ecole,
L. EMMERY.

Avant d'aller plus loin, je m'empresse d'exprimer ma reconnaissance à ces Messieurs si haut placés dans le monde scientifique pour avoir bien voulu faire si gracieux accueil à mes travaux et s'y associer, en quelque sorte, en mettant à ma disposition leurs lumières, leur bonne volonté et tous les moyens d'expérience et de contrôle que possède l'École des Ponts et Chaussées.

Malheureusement, la mort est venue enlever à la science et à l'École M. l'inspecteur général, L. Emmery.

Irrigation généralement supprimée.

Après ce tribut de reconnaissance à qui de droit, revenons aux prairies et au système d'irrigation qui a été prévu, médité et organisé, comme on l'a vu plus haut. Mais si je reviens à ce système, c'est pour me hâter de dire que, dans l'application, il a rencontré des motifs d'insuccès tels que j'ai dû en supprimer le fonctionnement.

En effet, les eaux, bien qu'améliorées dans les réservoirs, ont trouvé partout un terrain si imperméable, si argileux et si froid, en même temps qu'un climat si froid aussi, qu'elles nuisaient aux bonnes herbes, favorisaient les mauvaises, provoquaient la naissance du jonc là où il n'y en avait pas et activaient sa végétation là où il y en avait.

L'irrigation a donc été entièrement supprimée, si ce n'est dans les parties où le purin des fumiers peut s'additionner aux eaux naturelles.

Prairies traitées par les engrais.

L'expérience m'ayant démontré que l'irrigation au Brohet-Beffou n'avait que des effets fâcheux, mes prairies ne pouvaient être créées, soutenues ou améliorées que par les engrais, lesquels engrais ont été et sont employés, par fois simultanément, la même année, sur certaines parties, et le plus souvent alternativement, séparément et toujours dans des proportions variables, en raison de l'époque de l'année où ils sont appliqués et des exigences qu'impose l'état des prairies qui demandent que l'équilibre soit maintenu entre les graminées et les légumineuses.

L'azote est fourni par les terreaux faits chez moi, le calcaire est fourni par la chaux de la Mayenne qui est employée séparément ou qui n'est mélangée avec les terreaux qu'après avoir été elle-même mélangée avec de la terre; l'acide phosphorique est donné par les phosphates fossiles et les cendres lessivées et, enfin, la potasse est fournie par les cendres non lessivées et le chlorure de potassium, suivant le cours et la quantité des cendres trouvables sur place et le cours du chlorure de potassium.

Cette application méthodique et raisonnée des engrais, donnant à volonté, on peut le dire, les graminées et les légumineuses mélangées dans la proportion désirable pour fournir un fourrage parfait, est de la plus haute importance, selon moi, car, s'il y a un peu moins de quantité que par l'irrigation, la qualité supplée avec avantage à la quantité, les fourrages par l'irrigation étant toujours gros, ligneux, plats et peu nutritifs.

S'il y a grande amélioration pour le foin, il y a non moins grande amélioration pour la pâture qui est préférée par les animaux à tel point qu'ils ne touchent jamais à la pâture après irrigation tant qu'ils ont la liberté de rester sur la pâture après engrais, bien que les deux pâtures soient juxtaposées dans la même prairie.

Ce choix et cette préférence par les animaux eux-mêmes sont une démonstration sans réplique en faveur du foin et des pâtures par les engrais combinés, comme il vient d'être dit.

Transformation en prairies d'une grande partie des terres en culture, conformément à ce qui a été annoncé, page 53 du Mémoire (Avril 1872.)

A l'honneur de l'idée générale qui, dès le début, a présidé à mon entreprise et à l'honneur de la méthode qui n'a cessé de lui servir de moyen persévérant, logique et efficace, je m'empresse de prouver comment s'est réalisée à la lettre la grande transformation dont il est ici question.

En effet, en avril 1872, le domaine du Brohet-Beffou ne comptait que 6 hectares de prairies, et au 31 décembre 1879, il en compte 39, différence en faveur de décembre 1879, 33 hectares, prairies toujours préparées d'avance avec les plus grands soins, comme il a été dit, page 52 du Mémoire, et toujours créées avec des grains de choix, comme il est également dit à la même page.

Le domaine agricole du Brohet-Beffou au 31 Décembre 1879.

Par suite de la transformation dont on vient de parler, le domaine agricole du Brohet-Beffou a dû subir et a subi, en effet, un changement tel qu'on peut dire que lui-même a subi une véritable transformation.

Pour en faire la démonstration de la manière la plus évidente, j'ai pensé que le meilleur moyen était de présenter le tableau ci-joint :

TABLEAU SYNOPTIQUE

DU

DOMAINE AGRICOLE DU BROHET-BEFFOU
AU 31 DÉCEMBRE 1858, AU 31 DÉCEMBRE 1871 & AU 31 DÉCEMBRE 1879.

LE DOMAINE AU 31 DÉCEMBRE 1858.
Un hectare à moitié défriché, ayant donné un peu de pommes de terre et un peu de blé noir, en 1858.

LE DOMAINE AU 31 DÉCEMBRE 1871. — 70 hectares.

NOMBRE de SOLES.	NOMBRE d'Hectares PAR SOLE.	SUBDIVISIONS dans LES SOLES.	Culture régulière : 56 hectares. Terres assolées.	RENDEMENT MOYEN PAR HECTARE. Kilogram.	Hectol.	POIDS MOYEN de l'Hectol.	HECTARES sous Céréales.	Fourrages et Racines.	DÉSIGNATION	PRODUITS TOTAUX.	ÉQUIVALENT EN FOIN basé sur la réduction des 40/100 de chaque produit.
1re	5		Racines, avec 55 à 60,000 kilos de fumier par hectare.	50,000	834	kilo. 60		5	Racines.	250,000	42,000
2e	5		Orge avec trèfle . . . . . Grain. Paille.	1,800 3,500	29	62	5				
3e	5		Trèfle . . . 1re coupe . 5,000 kilos. 2e coupe . 3,000 kilos.	8,000				5	Foin de trèfle.	40,000	40,000
4e	5		Blé avec 200 à 300 kilos de guano par hectare, si le besoin s'en fait sentir. Grain. Paille.	1,700 4,000	23	75	5				
5e	5		Fourrages verts réduits en foin, avec 30,000 kilos de fumier par hectare.	6,000				5	Fourrages en foin.	30,000	30,000
6e	5		Avoine avec graines de foin . . . Grain. Paille.	1,850 4,200	36	52	5				
7e	5		Prairie temporaire, 1re année.	4,000				5	Foin.	20,000	20,000
8e	5		Prairie temporaire, 2e année.	2,500				5	Foin.	12,500	12,500
40 = 40			Terres non assolées, mais comprises dans la culture régulière.								
	6		Prairies.	4,000				6	Foin.	24,000	24,000
	9		Ajonnières, dont moitié coupée alternativement tous les 2 ans.	20,000				9	Ajonc.	90,000	60,000
	1		Jardin.	Divers.							
	10 = 16										
	56 = 56		Terres non comprises dans la culture régulière.	Totaux	15h	40h					
	4		Pâture ou plutôt terrain défriché et assaini, servant au besoin, de parc pour le bétail. Défrichements.				Proportion : 1/4	3/4 environ.			
	10									Total.	229,500

LE DOMAINE AU 31 DÉCEMBRE 1879. — 89 hectares.

NOMBRE de SOLES.	NOMBRE d'Hectares PAR SOLE.	SUBDIVISIONS	Culture régulière : 75 hectares. Terres assolées.	Kilogr.	Hectol.	Poids	Céréales	Fourrages	DÉSIGNATION	PRODUITS	ÉQUIV.
		1	Navettes, avec 30,000 kilos de fumier, par hectare.	50,000				1h	Navettes.	50,000	10,000
		1	Betteraves, semées avec 40,000 kilos de fumier, par hectare.	60,000	1,000	60		1h	Betteraves.	60,000	12,000
		1	Navisseaux, avec 30,000 kilos de fumier, par hectare.	55,000				1	Navisseaux.	55,000	11,000
			50 ares : Betteraves, semées avec 20,000 kilos de fumier, par hectare.	30,000	500	60		1h	Betteraves.	30,000	6,000
1re	4		50 ares : Choux, fin Juin, avec 20,000 kilos de fumier, par hectare.	25,000					Choux.	25,000	5,000
		0h 50a	Seigle vert, avec 1,500 kilos de fumier, par hectare.	20,000					Seigle vert.	20,000	4,000
			Choux, fin Juin, avec 20,000 kilos de fumier, par hectare.	25,000				0h 50	Choux.	25,000	5,000
		1	Choux, fin Mars, avec 70,000 kilos de fumier, par hectare.	50,000				1h	Choux.	50,000	10,000
		0h 50a	Betteraves, semées avec 35,000 kilos de fumier, par hectare.	30,000	500	60		0h 50	Betteraves.	30,000	6,000
2e	4		Orge avec trèfle . . . . . Grain. Paille.	1,900 3,800	31	62	4				
3e	4		Trèfle . . . 1re coupe . 5,000 kilos. 2e coupe . 3,000 kilos.	8,000				4	Foin de trèfle.	32,000	32,000
4e	4		Avoine . . . . . . Grain. Paille.	2,000 4,500	38	52	4				
5e	4	1	Pommes de terre, avec 70,000 kilos de fumier, par hectare.	9,000				1			
		3a	Trèfle incarnat, avec 30,000 kilos de fumier, par hectare.	5,500				3	Foin de trèfle inc.	16,500	16,500
			Betteraves piquées, avec 40,000 kilos de fumier, par hectare.	45,000					Betteraves.	135,000	27,000
6e	4		Blé . . . . Grain. Paille.	1,850 4,500	25	75	4				
24 = 24			Terres non assolées, mais comprises dans la culture régulière.								
	1		Jardin.	Divers.							
	39		Prairies.	4,000				39	Foin.	156,000	156,000
	9		Ajonnières, dont moitié coupée alternativement tous les 2 ans.	20,000				9	Ajonc.	90,000	60,000
	49 = 49										
	73 = 73		Terres non comprises dans la culture régulière.	Totaux	12	60					
	4		Pâture ou plutôt terrain défriché et assaini, servant au besoin, de parc pour le bétail.				Proportion : 1/6	5/6			
	12		Défrichements.								
	10 = 16									Total.	360,500
Total. 89											

Observations sur le tableau qui précède.
Ses conséquences en général et particulièrement au point de vue de l'alimentation du bétail.

Par le tableau qui précède, on voit d'un seul coup d'œil le point de départ de l'entreprise agricole du Brohet-Beffou, comment elle a commencé, comment elle s'est développée, à quel résultat elle est arrivée aujourd'hui et comment elle va toujours en avant, en s'inspirant toujours des principes et de la méthode qui ont fait sortir du chaos le plan harmonieux que nous présentons, et du néant les résultats signalés, justifiés et rendus palpables par le tableau même dont on vient de parler.

Parmi ces résultats, je prie de remarquer particulièrement celui qui, selon moi, résume tous les autres, c'est la production au point de vue de l'alimentation du bétail, production qui se chiffre :

Au 31 décembre 1871,	Et au 31 décembre 1879,
Par 228,500 kilos de foin	Par 360,500 kilos de foin
ou équivalent en foin.	ou équivalent en foin.

La tête de gros bétail étant représentée par 400 kilos, poids vif, ainsi qu'il est généralement admis, et 3 kilos de foin en 24 heures par 100 kilos, poids vif, ce qui, dans l'espèce, fait 12 kilos par tête et par jour, étant la proportion alimentaire généralement admise, aussi il en résulte que le domaine agricole du Brohet-Beffou pouvait entretenir :

1° En 1871,
52 têtes de gros bétail.

En effet, 228,500 divisés par 4,380 qui est le produit de 365 jours × 12, donnent 52 têtes, c'est-à-dire 1 tête de gros bétail par 107 ares ou 371 kilos, poids vif, par hectare.

2° En 1879,
82 têtes de gros bétail.

En effet, 360,500 divisés par 4,380 qui est le produit de 365 jours × 12, donnent 82 têtes de gros bétail.

Mais la pâture des 39 hectares de prairies, sans compter la pâture des trèfles, etc., etc., étant beaucoup plus que surabondante pour entretenir 82 têtes de gros bétail en juillet, août, septembre et octobre, c'est-à-dire pendant 120 jours, au lieu d'avoir pour diviseur 4,380, produit de 365 jours × 12, on a pour diviseur 2,940, produit de 245 jours × 12 ; or, 360,500 divisés par 2,940 donnent 122 têtes, c'est-à-dire une tête de gros bétail plus 49/73 par hectare, ou 668 kilos, poids vif, par hectare.

Résumé :

Le domaine pouvait donc entretenir :

En 1871,   Et en 1879,
371 kilos de bétail par hectare.   668 kilos de bétail par hectare.

Mais je me garde bien d'avoir sur le domaine le nombre de têtes de bétail poussé à son maximum possible ; 1º afin d'avoir toujours une forte réserve de fourrages qui devient mon assureur contre la disette, en cas d'insuccès ou de pertes dans telles ou telles parties de ma récolte, ainsi qu'il peut arriver et qu'il arrive fréquemment dans toute agriculture ; et 2º afin de profiter de la baisse et de spéculer, en achetant de suite 8, 10, 12, 14 bœufs, etc., etc., si la baisse se fait sur le bétail.

Par le tableau qui précède on voit aussi que le produit de l'ajonc monte à 90,000 kilos pour 4 hectares 50 et que son équivalent est 60,000 kilos, c'est que l'équivalent de l'ajonc en foin égale les 2/3 du poids de l'ajonc. Mais ce que je dois surtout faire remarquer, c'est que je n'ai porté le rendement de l'hectare d'ajonc coupé au bout de 2 ans qu'à 20,000 kilos, ce qui est le rendement moyen de l'hectare d'ajonc coupé au bout de 1 an, tandis que le rendement réel de l'hectare d'ajonc coupé au bout de 2 ans est au moins trois fois plus considérable que celui de l'hectare d'ajonc coupé au bout de 1 an. Le rendement de 4 hectares 50 d'ajonc coupé au bout de 2 ans est donc en réalité de 270,000 kilos dont l'équivalent en foin égale 180,000 kilos ; mais, comme je viens de le dire et comme le confirme le tableau, au lieu de 270,000 kilos, je n'ai porté que 90,000 kilos d'ajonc, afin de rester bien au-dessous de la vérité. Quant au rendement des autres produits indiqués dans le tableau, ils ne sont que l'expression d'une moyenne par hectare, ainsi que le dit le tableau lui-même.

J'ai eu des rendements en blé de 2,600 kilos à l'hectare, des rendements en avoine de 2,400 kilos à l'hectare ; des rendements en foin de 6,000 kilos à l'hectare ; des rendements en betteraves de 75 à 80,000 kilos à l'hectare etc., etc.; mais, je le répète, les rendements indiqués dans le tableau synoptique ne sont et ne doivent être que l'expression d'un rendement moyen par hectare.

Fumier produit.

Si l'immense abondance des produits du domaine au point de vue de l'alimentation du bétail a pour première conséquence, ainsi qu'on vient de le démontrer, l'entretien d'un nombre exceptionnel de têtes de gros bétail, elle a pour seconde conséquence, grâce à ce même bétail, la production d'une immense quantité de fumier, plus ou moins variable, selon les spéculations animales faites sur le domaine, mais qui ne descend jamais au-dessous de 800 mètres cubes, base de mon agriculture, car le fumier en est toujours la base essentielle, ce qui n'empêche d'avoir recours aux engrais chimiques et commerciaux; à titre d'auxiliaires, selon les circonstances, et pour donner, au besoin, sa dominante ou ses dominantes, à telle ou telle culture, ainsi qu'il a été dit ailleurs.

Après avoir vu par le tableau synoptique la méthode, la manière et les moyens employés pour produire les récoltes, nous arrivons naturellement à la manière et aux moyens de les faire et de les conserver.

Moyens et manière de faire les récoltes. Prix de revient. Leur conservation.

Céréales.

La récolte des céréales se fait ordinairement dans les premiers jours d'août. Elles sont coupées à la faucille tantôt à prix débattu pour tout ou partie, tantôt au prix de 10 francs l'hectare, toujours avec condition de tourner et retourner les audains pour les sécher, de faire et lier les gerbes et, enfin, de les mettre en petites meules de 12 à 15 gerbes. Ces petites meules sont de véritables moyettes où la pluie n'entre pas et où l'air circule à volonté.

Cependant, quelquefois une partie de la récolte est coupée par les ouvriers ordinaires du domaine et alors c'est à la journée ; mais, quelque soit le moyen employé, on opère toujours de la même manière.

Depuis la troisième année de l'entreprise, les récoltes ont été et sont battues à l'aide des excellents manège et batteur Pinet qui occupent toujours un des premiers rangs, parmi les machines à battre à manège.

Les pailles sont mises en meules, à l'extérieur, en bonne défense de pluie et les grains sont mis dans les greniers où ils reçoivent tous les soins nécessaires à leur parfaite conservation.

Navettes et Navisseaux.

Les navettes que l'on commence à donner aux animaux, du 20 au 25 mars, et les navisseaux, qui suivent, sont consommés verts et coupés, rez-terre par la faucille ou tirés à la main, lorsque les racines ont fait tête et valent la peine d'être consommées.

Ce travail qui ne demande que peu de temps, chaque jour, est fait par le bouvier ou des journaliers du domaine.

Seigle vert. Trèfle incarnat ou de Russie. Trèfle violet ordinaire.

Le seigle vert, que l'on attaque dans la première quinzaine d'avril, le trèfle incarnat et le trèfle violet ordinaire, qui suivent, sont fauchés.

Le seigle est toujours consommé vert. Quant au trèfle incarnat et au trèfle ordinaire, ils sont donnés verts aux bêtes à cornes et aux chevaux, autant que possible, à l'état de demi-dessication. S'il y a surabondance, on en fait du foin pour l'hiver, en opérant la fenaison avec les plus grands soins et de manière à conserver au foin ses feuilles où se trouve concentrée sa plus grande valeur nutritive.

La fauchaison et la fenaison, s'il y a fenaison, sont faites à la journée.

Très souvent, le système de dessication par la fermentation a été appliqué au lieu de la fenaison ordinaire et cette manière de faire a toujours parfaitement réussi.

Quelle que soit la manière d'obtenir la dessication, les foins de trèfle, se décomposant très vite et se chargeant de poussière, sont consommés les premiers.

Choux.

Les choux sont d'abord effeuillés par le bouvier ou des personnes à la journée ; puis, quand la saison rigoureuse approche, il sont coupés rez-terre et feuilles et troncs, après que ces derniers ont été passés au dépulpuer, sont données aux animaux.

Racines et tubercules.
Betteraves ; rutabagas ; pommes de terre.

A la fin d'octobre et au commencement de novembre, les betteraves sont arrachées, et à l'aide d'un couteau en bois qui ne les blesse jamais, elles sont convenablement nettoyées, si c'est nécessaire.

La double opération dont on vient de parler est faite par les journaliers du domaine ou au marché, autant que possible ; dans ce dernier cas, le prix du tombereau pesant de 600 à 750 kilos varie entre 0,50 et 0,75.

Les betteraves sont mises en silos, à l'extérieur, et s'y conservent parfaitement. Ce procédé, qui, avant moi, était inconnu dans le pays et qui, pendant longtemps, a rencontré partout non-seulement des préventions invincibles, mais encore une condamnation à outrance, est aujourd'hui accepté et mis en pratique par les cultivateurs intelligents de la contrée.

La récolte et la conservation des rutabagas se font comme celles des betteraves ; seulement, la récolte peut se faire beaucoup plus tard, le rutabaga résistant à la gelée et même à la glace, si elle n'est pas trop forte.

Quant aux pommes de terre, lorsque le sol est suffisamment propre, elles sont déterrées au moyen de la charrue à deux versoirs dont on a enlevé le coutre et au moyen de la houe à main, lorsque la terre est trop sale, ainsi qu'il est arrivé en 1879, à tel point que presque partout il a fallu faucher les mauvaises herbes, avant de procéder à la récolte.

Les pommes de terre sont conservées dans des celliers où il faut avoir grand soin de les bien couvrir de paille pour les mettre à l'abri des atteintes de la glace.

Foin. Regain.

Fauchaison. Contrairement aux habitudes du pays, je commence à faire couper les foins de très bonne heure, c'est-à-dire du 15 au 20 juin, malgré le sol et le climat froids de la région, ce qui leur donne beaucoup plus de qualité et laisse, après les foins, plus de qualité et de quantité au profit des regains et des pâtures.

Les foins sont toujours fauchés à bras et au marché, au prix de 4 francs l'hectare, prix net, comme tout ce qui est fait, au marché ou à la journée, par les ouvriers employés sur le domaine.

Ces conditions exceptionnelles expliquent pourquoi la Wood, la Jonhston ou la Kirby, etc., etc., ne se rencontrent pas encore dans le mobilier d'exploitation du Brohet-Beffou et justifient ce qui, à première vue, pourrait paraître un retard regrettable et d'autant plus inintelligent que toutes les prairies ont été dressées de manière à permettre, quand on le voudra, l'emploi et le fonctionnement de la faucheuse.

Par prudence et pour sauver la récolte le mieux possible, les prairies ne sont fauchées que successivement et par sections plus ou moins grandes, selon les apparences du temps et au fur et à mesure que les foins déjà abattus sont plus ou moins secs et assurés contre la pluie.

Fenaison. La fenaison se fait en tournant et en retournant les andains avec précaution, autant que c'est nécessaire, puis, quand la sève est un peu tombée, les herbes restant toujours étendues sont rassemblées par zônes de 20 à 30 mètres de largeur où, suivant que le réclament les circonstances, elles sont plus ou moins aérées à l'aide des fourches et des rateaux en bois dont les femmes et les enfants se servent avec une grande dextérité. Cette division par zônes a l'immense avantage de mettre de l'ordre dans ma plus grande opération, c'est-à-dire dans la fenaison, de permettre de surveiller le travail, de savoir par qui et comment il est fait et, enfin, de le faire beaucoup mieux au profit de ma récolte de foin qui est ma plus grosse affaire de l'année.

Quand la dessication commence à se faire, ces zônes se couvrent de petits tas qui restent tels quels ou sont ouverts le jour, pour être refermés le soir, selon que l'exigent la sève et le temps. Bientôt, ces petits tas diminuent en nombre et augmentent en volume, l'air y pénétrant de toute part et les soins à donner restant toujours les mêmes. Enfin, ces petits tas, devenus plus gros, comme on l'a vu, parce qu'ils ont été doublés une première fois, sont doublés une seconde, toujours avec les mêmes soins et le foin, 24 heures ou 48 heures après, est bon à ramasser.

Ici, je dois faire remarquer que contrairement encore à l'usage du pays, l'ordre absolu est donné de ne remuer les andains et les petits tas dont on vient de parler que le moins possible, afin d'arriver à conserver le plus possible, comme pour le foin de trèfle, les feuilles, les fleurs et surtout les graines qui constituent presqu'exclusivement la valeur nutritive du foin, ordre exécuté d'une manière d'autant plus absolue aussi que j'y attache plus de prix et que j'obtiens ainsi, dans une certaine mesure et à meilleur marché, le résultat visé par le système des moyettes, système irréalisable chez moi, à cause de la grande étendue des prairies, et partout irréalisable, quand on a du foin court ou versé en tous sens, ou bien encore quand le vent souffle avec trop de violence.

La manière de faire les foins, comme on vient de le dire, est donc toute spéciale au domaine du Brohet-Beffou et ne ressemble en rien à celle en usage dans le pays.

Quelques hommes, comme tête de chantiers, des femmes et surtout des enfants de 14 à 15 ans, tous payés à la journée, aux prix indiqués, page 14 du Mémoire, font la fenaison.

Les foins sont mis et conservés en meules, en plein air, mais parfaitement à l'abri de toute voie d'eau.

Les regains, quand on en laisse venir, sont généralement consommés **demi-verts**.

Ajonc.

Du 1er novembre au 1er mai, l'ajonc est récolté, tous les deux jours, en proportion de la quantité nécessaire pour les chevaux, en 48 heures.

Quand l'ajonc est jeune et peu ligneux, il est coupé rez-terre et donné ainsi, après la préparation mécanique nécessaire, bien entendu. Quand les tiges sont trop fortes, l'ajonc est coupé à mi-hauteur. La partie supérieure va aux chevaux, en passant par le coupe-ajonc, et le reste est pour la litière, après que les parties trop ligneuses ont été mises de côté pour le feu.

Parfois, l'ajonc est coupé à la journée par les journaliers du domaine et parfois, au marché; dans ce dernier cas, l'ouvrier est payé par charretée; quelle que soit la manière de couper l'ajonc, le prix de la charretée est 1 fr. Quand l'ajonc est bien venu et abondant, l'ouvrier peut en couper une charretée dans une demi-journée. Généralement, l'ajonc n'est coupé que tous les deux ans.

Il est très regrettable que nous n'ayons que des coupe-ajonc, car nous n'avons pas autre chose, et qu'un instrument ou une machine capable de piler l'ajonc et de le réduire, au besoin, à l'état de pulpe, n'ait pas encore été inventé, au point de vue de l'usage pratique.

Depuis quelque temps déjà, j'ai confié à des hommes, dont le nom fait autorité dans la science de la mécanique industrielle et agricole, le grand intérêt qu'il y aurait à trouver l'instrument ou la machine en question et j'espère qu'on y arrivera.

Ce serait rendre un service immense à l'agriculture de l'Ouest.

Ensilage des récoltes à l'état vert.

L'ensilage des récoltes à l'état vert n'a jamais été pratiqué chez moi, sa nécessité ou son utilité ne s'étant jamais fait sentir.

Animaux du domaine.
Moyens et manière de les nourrir. Prix de revient.
Leur destination et leurs produits

Chevaux.

Au Brohet-Beffou, les chevaux ne sont que des ouvriers de travail; ils sont de la race du pays et celui qui coûte le moins et qui travaille le mieux est le meilleur.

RÉGIME D'HIVER. Du 1ᵉʳ novembre au 1ᵉʳ mai, ils sont nourris avec de l'ajonc à discrétion, passé par le coupe-ajonc, comme il a été dit ailleurs, avec du foin autant qu'ils en veulent manger, mais loin d'en abuser, c'est à peine s'il en mangent, quand ils ont de l'ajonc, et enfin avec de l'avoine.

La ration d'hiver de chaque cheval est composée et coûte, en 24 heures, ainsi qu'il suit :

	Kil.	f. c.
Ajonc broyé	25	0,29
Foin	5	0,25
Avoine	2	0,32
	32	0,86

TRANSITION. Du 10 avril au 1ᵉʳ mai, du seigle vert est mélangé avec l'ajonc, le tout passant ensemble par le coupe-ajonc, mélange qui a le double avantage de faire consommer encore de l'ajonc qui, seul, ne serait plus mangé, car il est déjà en fleur, époque où il devient trop dur et trop amer, et de préparer les chevaux à passer à un régime beaucoup plus aqueux, puisqu'à partir du 1ᵉʳ mai jusqu'au 1ᵉʳ novembre, les trèfles, les regains et la pâture deviennent exclusivement la nourriture des chevaux ; seulement, les trèfles sont autant que possible coupés un peu d'avance, afin d'être moins aqueux, plus résistants et plus nutritifs.

RÉGIME D'ÉTÉ. La ration d'été de chaque cheval se compose et coûte, en 24 heures, ainsi qu'il suit :

	Kil.	f. c.
Trèfle vert	80	0,59
Avoine	2	0,32
	82	0,91

Mais sur la ration d'été, il y a une grande économie en raison de la pâture dont on fait profiter les chevaux, quand on peut les mettre en liberté. Souvent même, comme à l'époque de la récolte des foins, l'avoine peut être diminuée ou supprimée.

Quoi qu'il en soit, somme toute, de la ration d'été, on remarquera combien est avantageuse, au double point de vue du prix et de la valeur nutritive, la ration d'hiver basée sur l'ajonc, d'autant plus que, pendant l'hiver, le foin est toujours très cher et que le prix des 500 kilos monte souvent à 30, 35 et parfois à 40 et 45 francs, voire même davantage.

En tous cas, soit en hiver, soit en été, la ration ordinaire d'avoine est toujours augmentée, si les attelages ont à faire de longs voyages ou quand les travaux sont plus pénibles que d'habitude.

Aux détails qui précèdent, je dois ajouter que je n'ai jamais vu un cheval, soumis à l'ensemble du régime ci-dessus, devenir poussif.

Porcs.

Autrefois, j'avais des porcs de race anglaise ; mais ils devenaient trop gras et, sur les marchés, ils ne trouvaient pas acheteurs.

Depuis plusieurs années, j'ai des craonnais qui sont tellement appréciés et recherchés par les agriculteurs intelligents du pays que les produits sont vendus avant d'être nés. Dernièrement encore, un seul couple, à l'âge de six semaines, a été vendu 60 francs.

Ils sont nourris, selon les saisons, avec du trèfle vert, des choux hachés, des betteraves cuites, les pommes de terre qui sont trop petites pour la consommation de la maison et que l'on fait également cuire ; et puis, enfin, avec les débris du ménage, tout cela additionné de son et des déchets qui restent, après la ventilation des grains.

Il va sans dire que les mères et les bêtes à l'engrais sont mieux traitées que les autres, au point de vue de la quantité ou de la qualité de la ration, suivant qu'il le faut.

La nourriture est toujours donnée en trois repas, dans les 24 heures.

Veaux.

Tous les veaux sont conservés, sevrés et élevés, si ce n'est quand, par exception, exception très rare, un veau est mal venu et doit rester misérable ; alors il est vendu au boucher.

Les veaux sont d'abord nourris par leur mère, et ils en sont ordinairement séparés au bout de six semaines ou deux mois, à moins qu'on veuille élever d'une manière exceptionnelle un produit exceptionnellement beau ; dans ce cas, non-seulement on le laisse à sa mère, mais on lui donne une seconde nourrice.

Au commencement du sevrage, les veaux ne reçoivent que du lait non écrémé ; mais, dès qu'ils peuvent digérer un peu de farine de tourteau de lin, on en met dans le lait ; la dose est graduellement augmentée, et, bientôt, du lait non écrémé avec tourteau, on passe au lait écrémé mais toujours avec tourteau ; parfois, on y ajoute les débris de pain et de crêpes.

Sous l'influence de ce régime, les veaux prennent bien vite de la force et du développement, tout en conservant leurs jolies formes, et, enfin, lorsqu'ils peuvent s'essayer à prendre un peu de foin pour le mâcher plutôt que pour le manger, on a soin de leur mettre un peu de bon foin dans leur mangeoire ou leur petit ratelier, car ils ont l'une et l'autre.

Au bout de quelques jours, ils arrivent à en manger plus ou moins ; on continue à donner les buvées deux fois par jour, en diminuant graduellement la quantité du lait et en augmentant celle du tourteau de lin, et ainsi le régime devient de plus en plus fortifiant au fur et à mesure que les veaux grandissent, ce qui doit être dans tout élevage bien compris. Enfin, le lait est entièrement supprimé ; le sevrage est complet, et les veaux n'ont plus qu'à jouir, sans changement aucun, de leur bon régime de chaque jour.

Ils ne sortent qu'à l'âge de 10 ou 12 mois et on ne commence à les faire sortir que quand la pâture et la saison sont bonnes.

Pendant leur stabulation permanente, les veaux sont toujours nourris au fourrage sec et jamais au fourrage vert, le vert développant dans des proportions toujours exagérées et souvent monstrueuses l'abdomen au détriment des autres parties de l'animal, ce qui lui fait perdre ses formes primitives et en fait, plus tard, une mauvaise bête pour la reproduction ou pour la vente, inconvénient très grave qu'il faut éviter le plus possible, mais que l'on ne parvient pas toujours à éviter, malgré les soins et les précautions dont on vient de parler.

Pour les mêmes motifs, les fourrages secs ne sont jamais trempés dans les buvées.

Jeunes bêtes.

L'assolement et le bétail ; le bétail et l'assolement.

Une fois acclimatées à la vie extérieure, les jeunes bêtes vivent de pâture, au dehors, et de fourrage vert, à l'étable. Mais le 1er novembre, elles commencent à recevoir un peu de foin à l'étable, et, enfin, dès que la saison se montre rigoureuse, le foin haché et la betterave dépulpée, le tout mêlé ensemble et soumis plus ou moins à la fermentation qui perfectionne le mélange, lui donne une odeur agréable, le rend plus moëlleux, tiède au besoin, plus facilement assimilable et appété avec gourmandise par le bétail, le foin haché et la betterave dépulpée, le tout mêlé et fermenté, disons-nous, deviennent exclusivement la nourriture des jeunes bêtes jusqu'au 25 mars, époque où les navettes, puis les navisseaux et le seigle vert arrivent au secours des betteraves et entrent successivement, plus ou moins, dans la ration de chaque jour, jusqu'à ce qu'on attaque le trèfle incarnat qui conduit au trèfle ordinaire auquel se joignent, dès la fin de juin, les choux plantés à la fin de mars, et, dès les premiers jours de juillet jusqu'en novembre et quelquefois décembre, la vaste et abondante pâture des prairies complétée elle aussi par les choux plantés, à la fin de juin, et qui permettent de continuer, sans interruption, jusqu'au 15 novembre, voire même jusqu'au 1er décembre, quand la glace tarde à venir, la nourriture donnée à l'étable par les choux plantés en mars et qu'on a commencé à effeuiller, dès la fin de juin, ainsi qu'on l'a vu plus haut.

Puis recommence le régime d'hiver, basé sur le foin et la betterave, et la rotation continue, comme il a été dit.

Par les détails qui précèdent, on voit comment l'assolement au Brohet-Beffou, au point de vue particulier de l'alimentation du bétail, vient ajouter au foin et à la pâture un complément tel, pendant les quatre saisons de l'année, que le bétail ou plutôt tous les animaux du domaine sont toujours dans la plus grande abondance, nouvelle preuve qu'au Brohet-Beffou le tout et chaque partie s'harmonisent dans un système général inspiré, le plus possible, par la logique des principes et de la pratique.

Qu'on veuille donc bien remarquer, je me permets d'insister à cet égard, la relation qu'il y a entre mon assolement et mon bétail et réciproquement entre mon bétail et mon assolement, car là est l'expression la plus élevée de la pensée supérieure et dominante qui, dès le début comme aujourd'hui, m'a toujours dirigé ; c'est comme l'Alpha et l'Oméga, en un mot c'est comme la synthèse de toute mon entreprise agricole.

Vaches. Laiterie.

La base du régime alimentaire des vaches est identiquement semblable à celle du régime des jeunes bêtes qui vient d'être décrit, il est donc inutile d'en parler de nouveau. Seulement, pour les vaches, la ration est plus abondante et donnée sous une forme plus aqueuse, autant que possible. Ainsi, dans les mélanges, la proportion de la betterave ou du vert relativement à celle du foin est plus grande, etc., etc., et, en outre, des buvées grasses, à l'aide du son ou du tourteau de lin, sont données aux bêtes qui ont vêlé et à telles et telles autres, selon les cas et les circonstances.

Aux veaux, aux jeunes bêtes, aux vaches et aux bœufs qui ne sont pas à l'engrais la ration de la journée est distribuée en trois fois, en 24 heures.

Comme on l'a dit, tous les veaux sont élevés ; d'où il résulte une consommation considérable de lait par eux et à leur profit. De plus, le troupeau ayant beaucoup de sang Durham, ses aptitudes pour l'engraissement prédominent au détriment des qualités laitières, ce qui doit être, car c'est une loi de la nature qu'une certaine école a voulu méconnaître, en proclamant que la race Durham est excellente laitière, tout en étant une race spéciale pour la boucherie ; mais ce qui devait arriver est arrivé, et cette doctrine, qui, un moment, a séduit beaucoup de bons esprits, n'a plus cours, bien qu'il y ait toujours des exceptions excessivement remarquables par leur abondance laitière, parmi les vaches Durham pur sang. Au Brohet-Beffou, on est d'autant moins disposé à se plaindre de cette loi de la nature qu'on ne s'est jamais fait d'illusion à cet égard et qu'on recherche, avant tout, les aptitudes à l'engraissement, l'industrie du lait et du beurre, car on n'y fait pas de fromage, n'y étant qu'accessoirement pratiquée, alors que celle de la viande et du bétail gras y est principalement en honneur.

Aussi, la production du lait et par suite celle du beurre sont-elles relativement faibles au Brohet-Beffou, et ce par système, on peut le dire.

Cependant, les croisements Durham-breton donnent plus de lait et le troupeau étant ce qu'il est, on n'en fait pas moins de son mieux pour obtenir le plus de lait possible.

Si le troupeau n'est pas composé de Durham pur sang, c'est qu'ayant d'immenses prairies, j'ai voulu en utiliser l'abondante pâture par des animaux plus rustiques que le Durham pur qui, sur le sol et sous le climat froids et humides du Brohet-Beffou, n'aurait pu en profiter avec les mêmes avantages pour lui et pour moi ; sous l'influence de cette vie en plein air, un peu par tous les temps, à 266 mètres au dessus du niveau de la mer, il eût certainement bien vite dégénéré.

Là, plus que partout ailleurs, pour bien réussir, le Durham pur sang exigeait donc la stabulation permanente, exigence qui, au reste, semble s'imposer partout et toujours, si l'on veut conserver les véritables types de la race créée par nos voisins d'outre-Manche. Quoi qu'il en soit, depuis bien des années, j'ai toujours un ou deux taureaux Durham pur sang.

On le voit, c'est le grand intérêt que je viens de signaler qui m'a fait donner la préférence au système que j'ai adopté, car le Durham pur sang eût été fait au Brohet-Beffou, si on y avait trouvé profit, et y eût réussi parfaitement bien.

Bœufs.

Les bœufs élevés chez moi ou achetés, si je crois devoir en acheter, sont nourris comme le sont les jeunes bêtes, la ration étant toujours proportionnée à leur poids, ainsi que le veut la loi fondamentale de tout régime alimentaire pour le bétail.

Bétail d'engrais. Système d'engraissement.

Comme on l'a vu plus haut, chez moi, l'industrie du lait est sacrifiée, en partie du moins, à celle de la viande, par la nature même de la race que j'ai spécialement adoptée pour mieux arriver au but que je me propose d'atteindre et qui est, je le répète, la production de la viande.

Vaches, bœufs, selon les cas et les circonstances, sont donc mis à l'engrais ; et, soit dit en passant, plus mes vaches me donnent des taureaux pour plus tard en faire des bœufs, plus je trouve avantage et profit, le bœuf gras étant toujours plus recherché par la bonne boucherie locale et par le spéculateur qui achète pour expédier au loin, en France, à Paris par exemple, ou à l'étranger, en Angleterre par exemple encore ou aux îles anglaises.

A l'âge de 3 ans et au-dessus, mais le moins possible au-dessus de 4 ans, les jeunes bœufs étant toujours meilleurs et engraissant plus vite, les bœufs sont mis à l'engrais et, règle générale, je cherche surtout à faire des bêtes grasses qui, par le poids et le prix, conviennent le mieux à la bonne boucherie du pays qui est mon principal débouché, mais, cependant, assez fortes et assez avancées en graisse, pour, au besoin, répondre aux exigences de l'exportation.

Dans les conditions que je viens de signaler, conditions de la plus haute importance au double point de vue de ma spéculation, le poids qui trouve plus facilement acheteurs est celui de 500 à 600 kilos, poids vif.

Mais souvent j'ai vendu et souvent je vends des bœufs beaucoup plus lourds et dont le prix dépasse beaucoup aussi le cours ordinaire.

Ainsi, le 17 juin 1879, j'ai vendu au prix de 805 francs un bœuf Durham-breton né et engraissé chez moi, sans compter la prime qu'il avait obtenue, le même jour, au Concours d'Animaux Gras de Carhaix. (Finistère).

Au Brohet-Beffou, le système d'engraissement est basé sur la puissance digestive de l'animal et sur les équivalents nutritifs.

Du jour où un animal est mis à l'engrais, il reçoit, en deux fois, du foin de bonne qualité plus qu'il ne peut en manger, en 24 heures. Au bout de 8 jours, sa consommation se régularise et ainsi l'animal fait connaître lui-même la mesure de sa puissance digestive et la ration au point de vue de la quantité, ration d'entretien et de production, bien entendu, qu'il lui faut, en 24 heures.

La quantité de la ration étant déterminée par l'animal lui-même, comme on vient de le voir, et du foin de bonne qualité, fourrage type, ayant servi exclusivement de nourriture à l'animal, du même coup, on a la double base nécessaire pour faire intervenir et fonctionner, avec son efficacité et sa logique toute puissante, le rôle des équivalents nutritifs qui mettent à la disposition de l'engraisseur les principes minéraux, carbonés, azotés et gras, pour les faire entrer plus ou moins dans la ration de chaque jour, selon qu'il le juge à propos.

Le foin étant la base de la nourriture et possédant surabondamment la quantité voulue de principes minéraux et carbonés, la grande et délicate question est d'introduire dans la ration, graduellement et avec les proportions logiques, le principe azoté et le principe gras.

L'engraissement dure ordinairement de 90 à 120 jours mais, il y a le plus grand avantage à le pousser très activement, pour réduire, le plus possible, le nombre des rations d'entretien consommées toujours en pure perte et, d'un autre côté, pour faire rentrer le plus vite possible aussi, dans la caisse, le capital et les intérêts du capital représenté par l'animal et son régime, pendant l'engraissement.

Durant les deux premiers mois, l'élément azoté est introduit dans la ration avec un soin tout particulier et une proportion toujours croissante, parce que le principe azoté est surtout l'élément qui fait les muscles, c'est-à-dire la chair, ce qu'il faut produire avant tout.

Le principe gras est aussi, simultanément et avec une proportion également toujours croissante, introduit dans la ration, mais il ne l'est qu'avec une proportion beaucoup moindre que celle du principe azoté et qu'à titre d'accessoire, accessoire nécessaire et très important, il est vrai, toutefois n'ayant jamais qu'un rôle secondaire, pendant les deux tiers du temps que dure l'engraissement.

Mais, à partir du troisième mois, le principe azoté ne diminuant pas, augmentant au contraire toujours plus ou moins, le principe gras prend, dans la ration, des proportions dominantes qui souvent augmentent de 15 jours en 15 jours et parfois de 8 jours en 8 jours, car c'est le moment de mettre de la graisse sur la chair qu'on a produite, graisse impossible à obtenir, si tout d'abord la chair n'a pas été obtenue.

Ainsi, de maigre on devient gras, comme par le renversement de la méthode et du régime, de gras on devient maigre.

Cette loi de la nature est admirable et devrait être vulgarisée, au profit de tous les agiculteurs qui font ou qui voudraient faire de l'engraissement. Lorsque le foin n'entre pas dans la ration, ou n'y est pas assez abondant, les principes carbonés, les plus essentiels de tous, puisque l'animal meurt, quand ils sont en proportions insuffisantes dans la ration, sont surtout donnés par les sons et les grains, tels qu'orge, avoine et blé noir.

Quant aux principes minéraux, quoi qu'on fasse, ils sont toujours assez abondants. Le principe azoté est particulièrement donné par les graines des légumineuses, telles que féverolles, vesces, pois, fèves, etc., mais on ne les trouve pas dans le commerce local ou bien elles sont trop cher.

Aussi les sons, les grains et surtout les tourteaux de colza et de lin, tous donnant à la fois l'élément azoté et l'élément gras, sont-ils dans le pays les seuls moyens qui permettent d'appliquer à l'engraissement la méthode des équivalents. En plus de ces moyens, chez moi, le principe gras est fourni, surtout dans les derniers mois, par la graine de lin réduite en farine et bouillie, ce qui ajoute à la ration une puissance d'engraissement vraiment prodigieuse.

Quant au choix à faire parmi tous ces éléments d'engraissement, il doit être déterminé par le prix et par la valeur nutritive de chacun d'eux, la valeur nutritive étant toujours déterminée par les principes minéraux, carbonés, azotés et gras.

Aux détails théoriques et pratiques qui précèdent, je joins l'exemple suivant, pris au hasard dans ce qui se fait, depuis longtemps, au Brohet-Beffou; il complètera la démonstration de tout mon système d'engraissement.

A la fin de 1878, dix bœufs avaient été soumis au régime ci-après.

Poids vif des bœufs, le jour où ils avaient été mis à l'engrais :

450 kilos, l'un.

	Premier mois.		Deuxième mois.		Troisième mois.		Quatrième mois.	
	kil. g.	f. c.	kil. g.	f. c.	kil. g.	f. c.	kil. g.	f. c.
Foin............	12,500	0,62	12,500	0,62	7,500	0,37	5	0,25
Betteraves.......	25	0,35	25	0,35	20	0,28	20	0,28
Orge concassée...	»	»	»	»	0,500	0,08	1	0,16
Tourteau de lin...	0,500	0,11	1	0,22	1,500	0,33	1,500	0,33
Farine de lin.....	0,125	0,04	0,125	0,04	0,500	0,16	0,625	0,20
Sel.............	0,050	0,01	0,050	0,01	0,050	0,01	0,050	0,01
Eau à volonté								
	38,175	1,13	38,675	1,24	30,050	1,23	28,175	1,23

Sous l'influence de ce régime, l'engraissement marcha si bien et si vite que deux bœufs se trouvèrent bons à vendre au bout de 82 jours et tous les autres au bout de 97 jours. Les bœufs avaient augmenté en moyenne de 1 kil. 200 à 300 gram., poids vif, par tête et par jour, résultat qui avait donné une plus value considérable à tout l'ensemble de chaque bête.

Par l'exemple qui précède, on voit qu'à la fin du deuxième mois, la consommation du foin diminue et continue à diminuer au fur et à mesure que l'engraissement avance, et que la puissance digestive diminuant graduellement aussi chez l'animal qui, dans mon système, se rationne toujours lui-même, il y a nécessité de réduire de plus en plus le poids et le volume de la ration, pour concentrer une alimentation de plus en plus facilement assimilable dans une ration de plus en plus riche en principes carbonés et azotés, et surtout en principes gras.

De plus, par l'exemple qui précède, on voit que l'engraissement a été très rapide, ce qui doit être, le plus possible.

Enfin, par l'exemple qui précède, on voit, depuis le commencement jusqu'à la fin, dans son ensemble et dans ses détails, l'application méthodique des lois qui doivent présider aux phases successives de l'engraissement et dont les équivalents nutritifs, combinés avec la puissance digestive de l'animal, sont non-seulement les puissants auxiliaires, mais sont, selon moi, parties véritablement intégrantes.

Aussi, voilà ce que je me permets d'appeler *mon système intensif d'engraissement*.

L'engraissement au Brohet-Beffou se fait surtout pendant l'hiver, comme on vient de le voir ; cependant, suivant les sujets que j'ai sur le domaine, suivant le cours, sur les marchés, de la bête grasse et de la bête maigre et, enfin, suivant l'abondance de mes fourrages, l'engraissement se fait aussi chez moi, plus ou moins, pendant les autres saisons, et alors, c'est surtout le vert qui fait la base du régime dans lequel entrent toujours, avec les proportions et la méthode voulues, les équivalents nutritifs dont la grande puissance d'engraissement a été démontrée plus haut et qui, quelle que soit l'époque de l'engraissement, sont introduits ou dans les buvées, ou dans les mélanges qui composent la ration, ou bien encore sont donnés secs et concassés comme, parfois, le sont les tourteaux.

De plus, et quelle que soit aussi l'époque de l'engraissement, l'engraissement ne se fait qu'à l'étable avec stabulation permanente, depuis le premier jour jusqu'au dernier, et la ration de la journée n'est jamais donnée qu'en deux fois, en 24 heures ; de cette manière que l'expérience m'a prouvé être la meilleure, l'animal a toujours faim, quand arrive l'heure de son repas et a le temps de le digérer à son aise, dans un grand et long repos et sur une bonne litière toujours refaite, pendant que l'animal est debout pour son repas. Chaque repas dure environ deux heures et, jour et nuit, l'animal a, selon la saison, foin ou fourrage vert à volonté dans son ratelier, afin d'être toujours dans la surabondance et de régler toujours lui-même la quantité qu'il lui faut, en 24 heures. Ce qui reste est, chaque fois, soigneusement enlevé et remplacé par du fourrage frais. En outre, l'animal reçoit tous les soins de main nécessaires pour le tenir très propre, calmer les démangeaisons et faire fonctionner activement les pores de la peau, sous la double influence de la température de l'étable et du régime alimentaire, ce qui contribue beaucoup aux progrès de l'engraissement ; ces soins sont tellement appréciés par l'animal lui-même et lui font si grand bien que très souvent j'ai vu des bœufs ne vouloir toucher à leur ration, si bonne qu'elle fût, qu'après avoir été étrillés, bouchonnés et brossés comme des chevaux, opération à laquelle je tiens absolument et qui est régulièrement faite deux fois par jour.

Enfin, le calme, le demi-jour et une température un peu élevée provoquant le sommeil et favorisant ainsi l'engraissement, règnent toujours dans l'étable.

Une partie de pailles, hachées d   es rations ou mises dans les rateliers, est aussi consommée

Instruments et Machines.

Les instruments et machines du domaine se décomposent comme suit :

Instruments d'extérieur.

1 charrue Brabant.	Delahaye. Liancourt.
4 araires Dombasle nos 2 et 3.	
4 herses, avec bâti en bois ou en fer, dites Valcourt.	Bodin. Rennes.
1 grande herse articulée, n° 2.	Garnier. Redon.
1 houe à cheval.	
1 buttoir avec soc de charrue.	
1 fouilleuse.	Bodin.
1 semoir.	
1 extirpateur.	
1 rouleau.	

Instruments et Machines d'intérieur.

1 coupe-ajonc.	Quémener. Belle-Isle-en-T.
1 grand hache-paille.	
1 dépulpeur.	Bodin.
1 trieur.	
1 concasseur-aplatisseur.	Peltier Jne. Paris.
1 laveur de racines.	
1 machine à battre, à manège.	Pinet.
1 appareil de cuisson de 260 litres, pour le bétail.	
1 bascule pour peser le bétail.	
1 baratte à lait de 150 litres.	Lefeldt.

C'est la célèbre baratte Lefeldt, qui dans tous les concours d'Allemagne, de Hollande et de Suisse a remporté et continue à remporter les premiers prix et les diplômes d'honneur.

Il est regrettable qu'elle soit à peine connue en France.

Le manége est installé dans un vaste local, qui a 12 mètres carrés et qu'on appelle le manège, d'où il fait fonctionner ensemble ou isolément, selon les besoins, tous les instruments d'intérieur qui, sans lui, ne pourraient fonctionner qu'isolément, qu'à force de bras et qu'avec grande perte de temps.

Somme toute, chez moi la culture n'est pas faite pour les instruments, mais les instruments sont choisis et achetés en raison des exigences ou des avantages exceptionnels qui en quelque sorte les imposent.

Je tiens à avoir ce qu'il faut, rien de plus.

Personnel. Main d'œuvre. 1879.

Sont logés, nourris et blanchis :
Mon chef de culture, sa femme et leurs enfants.
Deux charretiers.
Quatre servantes d'âge différent.
Une autre famille occupe un modeste logement à l'autre extrémité du domaine, pour exercer la surveillance nécessaire et prendre soin d'un troupeau qui y est provisoirement installé.

Cette famille est également à mon service et je lui donne le logement, le chauffage, droit à la nourriture de deux vaches, un jardin de 15 ares et tant..... par semaine.

La nourriture, le mobilier et tout le reste sont à son compte.

Mon bouvier et toutes les personnes employées plus ou moins nombreuses sur le domaine, selon les saisons et les travaux, sont chez eux, se nourrissent comme ils veulent et sont payés tant..... par jour.

Le prix des gages et de la journée du personnel est inscrit sur les registres de la comptabilité, à la place voulue, et figure dans les dépenses diverses.

Ce système est le même que celui adopté dès le début jusqu'en 1871, et je m'en trouve toujours très bien. (Voir pages 13, 14 et 15 du Mémoire.)

Quant à la main-d'œuvre, elle a considérablement diminué par suite de la transformation réalisée, depuis 1871, et qui est résumée dans le tableau synoptique, sous le titre : Le domaine au 31 décembre 1879, en même temps qu'a considérablement diminué le nombre des animaux de travail, puisqu'il n'y a plus que six chevaux sur le domaine alors qu'il y en avait dix, en 1871, diminution qui pour sa part a contribué aussi, avec la transformation réalisée, depuis 1871, à la grande augmentation qui s'est faite au profit du nombre des animaux de rente.

Clôtures.

Les clôtures qui ont coûté 0 fr. 30 le mètre courant sont des talus en terre dits fossés dans le pays. Ils sont couverts d'ajonc servant, au besoin, à la nourriture des chevaux ou à faire de la litière.

Contrairement aux usages de l'Ouest, je n'ai fait de talus, ainsi que le plan du domaine le démontre, que là où ils étaient absolument indispensables, trouvant que moins il y en a mieux ça vaut. Cependant, leur longueur totale est de 4640 mètres.

Chemins.

Ainsi qu'on l'a vu, pages 2 et 3 du Mémoire, le Brohet-Beffou était de tous côtés absolument inabordable ; il n'existait pas un chemin, pas un seul, ni sur la propriété ni pour y arriver.

En 1863, l'Administration départementale, sollicitée par les intérêts agricoles et commerciaux de tout l'ouest du département, fit faire des études pour donner à cette région la voie de communication qui lui manquait et qu'elle réclamait de toutes parts. Mais ce projet qui, chaque année, était à l'ordre du jour, n'aboutissait, chaque année, qu'à un nouveau retard et, de retard en retard, tout en disant : on va faire la route, on est arrivé sans rien faire jusqu'en 1874, époque où enfin le classement qui, depuis 1875, porte la dénomination de classement de la route en question a été décidé, chemin de grande communication, N° 42, de Toul-an-Héry à Callac, passant par Guerlesquin (Finistère), rentrant de suite dans les Côtes-du-Nord et s'en allant par la forêt de Beffou, à travers ma propriété, vers Lohuec et Callac.

Etant toujours en face des promesses faites au pays et ne sachant où passerait la route, je ne pouvais en ouvrir une moi-même et j'étais forcé d'attendre le jour où, enfin, une décision serait prise par le département.

Dès que le tracé a été adopté définitivement, je me suis empressé d'offrir gratuitement au département le terrain traversé chez moi par la route, c'est-à-dire un hectare, et, de plus, de mettre à sa disposition, pour activer les travaux d'ouverture, la somme de 3000 francs, sans intérêts.

Depuis quelques années, cette route de grande communication, N° 42, traverse donc du Nord au Sud, sur une longueur de plus de 800 mètres et à peu près par le milieu, quoiqu'à l'endroit le plus étroit, le domaine du Brohet-Beffou.

Cette ligne centrale étant donnée, j'ai ouvert et construit les autres chemins qui, aujourd'hui, desservent le domaine et ont une longueur de 1440 mètres.

Au sujet des chemins, comme pour les talus, je n'ai fait que ce qu'il fallait faire, mais j'ai fait tout ce qu'il fallait faire.

Par ce qui vient d'être dit, on voit que de difficultés et d'obstacles m'ont été créés par les circonstances qui ont dominé toute cette grande et importante question des chemins.

Edifices.

Au Brohet-Beffou, quelques anciens édifices ont été conservés et servent d'étables.

Mais s'ils sont plus que rustiques à l'extérieur, ils n'en forment pas moins d'excellents abris pour le bétail, étant boisés à l'intérieur avec des voliges provenant de sapins du domaine.

Ils sont chauds en hiver et frais en été, parce qu'ils sont couverts en chaume; ils sont bien aérés et suffisamment clairs. Par cela même qu'ils sont boisés, ils sont d'une propreté exceptionnelle.

J'évite de blanchir les étables à l'intérieur, par la raison qu'un blanc éclatant et permanent, qui devient même insupportable, quand un rayon de soleil y donne, fatigue l'animal comme il fatigue l'homme, et attire d'une manière toute spéciale les mouches, en été.

A l'étable, tous les animaux, particulièrement les bêtes à l'engrais, aiment à être dans un milieu calme, pour l'œil comme pour l'oreille, et qui les invite au repos.

Pour le bétail, j'évite aussi les grandes agglomérations qui, soit pour distribuer la nourriture, soit pour faire la litière, soit pour donner aux animaux les soins qu'il leur faut, obligent le personnel chargé des étables à être toujours là, allant et venant sans cesse, si bien que le bétail n'a pas un instant de tranquillité et de repos, sans compter les graves inconvénients, au point de vue de la santé des animaux, qui peuvent résulter des grandes agglomérations; la preuve en est que, chaque matin, c'est dans ces étables une véritable infection qu'on a peine à faire disparaître.

Au Brohet-Beffou, chaque catégorie d'animaux a son étable; ainsi, les veaux ont leur étable; les jeunes bêtes ont leur étable; les vaches ont leur étable et les bêtes à l'engrais ont leur étable.

De cette manière, le régime alimentaire peut être facilement réglé pour chaque catégorie d'animaux, les soins sont bien vite donnés dans chaque étable et le bétail n'a plus qu'à faire tranquillement son repas ou à se coucher tranquillement sur sa litière, selon son bon plaisir, aspirant un air parfaitement pur, jour et nuit.

Les autres édifices sont comme partout ailleurs où on évite, avec le plus grand soin, le luxe qui trop souvent rend inimitables les meilleurs exemples bien que donnés par une agriculture faite avec économie, intelligence et succès.

Au Brohet-Beffou, tout est donc de la plus grande simplicité.

Taillis. Plants et futaies.

J'avais commencé à sarcler et conduire mes taillis d'après la méthode allemande, mais, j'ai dû y renoncer, par la raison que les taillis s'étant trouvés, en général, trop forts et trop agés, au lieu d'une amélioration, il en eût résulté une véritable mutilation.

Pour ce qui est des plants et des futaies, n'en ayant pas au Brohet-Beffou, à part plus ou moins d'arbres verts, je n'ai pu rien y entreprendre au point de vue de la direction des arbres forestiers.

Mais, sur ma terre de Troguindy, située comme le Brohet-Beffou, dans le canton de Plouaret, depuis de longues années déjà, contrairement aux habitudes du pays, mes jeunes plants et mes futaies sont conduits d'après la méthode de M. le Comte Des Cars et donnent par suite les plus beaux résultats pour le présent et les plus belles espérances pour l'avenir.

Comptabilité.

L'exploitation agricole du Brohet-Beffou, n'étant pas assez importante pour nécessiter l'emploi d'un comptable spécial et en supporter les frais, j'ai réduit ma comptabilité à sa plus simple expression afin qu'elle puisse être tenue par mon chef de culture; j'ai cependant tenu à ne pas sacrifier l'exactitude à la simplicité et, comme on va le voir, ma comptabilité quoique fort simple, permet de se rendre compte des moindres détails. — Elle se compose de trois registres :

1° Le livre d'entrée et de sortie des produits.

2° Le livre de culture, sur lequel est inscrit le bulletin des ouvriers employés à la culture pendant chaque jour de la semaine, et en regard l'emploi de ces mêmes ouvriers.

3° Enfin, d'un troisième registre que j'appelle le journal, et sur lequel sont inscrites régulièrement toutes les recettes et toutes les dépenses de l'exploitation. A la fin de chaque semaine on établit la balance dont le résultat permet de vérifier l'état de la caisse.

Avec un système aussi simple, il est non-seulement possible et facile à tout le monde d'être comptable et de tenir la comptabilité la plus importante, mais encore possible et facile à tout le monde de contrôler tous les détails d'une comptabilité quelqu'importante qu'elle soit.

Enfin, ce mode de comptabilité présente en outre l'avantage de permettre à mon chef de culture de m'adresser, tous les dimanches, la copie des recettes, des dépenses et des travaux, absolument conforme à la situation établie à la fin de chaque semaine, sur et par les trois registres dont j'ai parlé, et dont la solidarité et l'harmonie forment toute la base de ma comptabilité.

Que je sois sur le domaine ou à cent lieues du domaine, j'ai donc sous les yeux à la fin de chaque semaine tout ce qui a été fait pendant la semaine qui vient de s'écouler. Les comptes de mon chef de culture sont toujours accompagnés d'une lettre, dans laquelle il me donne tous les détails et me pose toutes les questions qu'il y a intérêt à m'adresser pour les travaux faits ou à faire; de sorte que je puis toujours lui donner mes instructions en parfaite connaissance de cause, comme si j'étais de ma personne sur le domaine.

Le tableau ci-contre montre quel a été, au point de vue du revenu, le résultat de l'opération pendant les cinq dernières années.

Je ferai remarquer que dans ce tableau je fais figurer en dépenses :

1° Le fermage de la terre basé sur le prix moyen de location des autres terres du pays.

2° L'intérêt du capital d'exploitation à 3 % : J'ai cru pouvoir adopter ce taux de 3 % parce que dans le pays les placements en terre ne donnent généralement pas un revenu plus élevé; mais on verra que si l'on veut compter l'intérêt du capital d'exploitation à 5%, l'opération se soldera quand même en bénéfices. Il m'eut été difficile de déterminer exactement le montant du capital d'exploitation qui, naturellement, s'augmentait au fur et à mesure qu'une plus grande quantité de terre était mise en culture; c'est pourquoi j'ai pris comme capital d'exploitation l'actif net de l'inventaire de 1875. Je ne fais pas figurer en dépenses l'intérêt des dépenses courantes qui sont toujours couvertes, soit par les recettes, soit par les fonds en caisse qui figurent à l'inventaire sous la rubrique : fonds de roulement.

On remarquera aussi que l'inventaire de 1879 dépasse de 3122 francs l'inventaire de 1875, ce qui constitue encore une plus value qui viendra s'ajouter à la plus value en capital dont nous allons nous occuper ci-après. Le résultat des cinq derniers inventaires prouve en outre qu'au Brohet-Beffou le capital d'exploitation suit sans cesse une progression croissante et qu'il est toujours en harmonie avec les exigences de l'entreprise.

TABLEAU

DES

DÉPENSES EFFECTUÉES ET DES RECETTES RÉALISÉES

SUR LE DOMAINE DU BROHET-BEFFOU

Pendant les cinq années 1874 à 1879

ANNÉES	1875		1876		1877		1878		1879	
Capital d'exploitation d'après l'inventaire	44955		47053		47755		49039		48077	
	DÉPENSES	RECETTES	DÉPENSES	RECETTES	DÉPENSES	RECETTES	DÉPENSES	RECETTES	DÉPENSES	RECETTES
Intérêt du capital d'exploitation	1348,65		1411,60		1432,65		1471,15		1442,30	
Prix de fermage du domaine	5500 »»		5500 »»		5500 »»		5500 »»		5500 »»	
Dépenses diverses	9280 »»		8953 »»		8240 »»		7575 »»		7191 »»	
Total des dépenses	16128,65		15864,60		15172,65		14546,15		14133,30	
Recettes diverses		17583 »»		16248 »»		17225 »»		16675 »»		14943 »»
Dépenses à déduire		16128,65		15864,60		15172,65		14546,15		14133,30
Bénéfices		1454,35		383,40		2052,35		2128,85		809,70

RÉCAPITULATION DES BÉNÉFICES :

1875	1454,35
1876	383,40
1877	2052,35
1878	2128,85
1879	809,70

TOTAL des cinq années 6828,65

Examinons maintenant quel a été le résultat définitif de l'opération.

En octobre 1858, j'acquérais 190 hectares de terre dans la forêt de Beffou, y compris un étang et un moulin, au prix de 38,000ᶠ

Si l'on en déduit le moulin et l'étang, contenant 15 hectares, d'une valeur de 6,000ᶠ

Il reste pour prix de 175 hectares 32,000ᶠ

D'où ressort la valeur d'un hectare à 182ᶠ 85

Et la valeur des 73 hectares aujourd'hui exploités à 13,348 05

Il faut ajouter à cette somme les capitaux dépensés pour amélioration : « drainages, défrichements, constructions et travaux divers » 39,000ᶠ

Nous ne faisons pas figurer l'intérêt de ces sommes, puisque dans le tableau que nous venons de présenter pour résumer la situation au point de vue du revenu, nous avons compté comme dépenses le prix de fermage du domaine et l'intérêt du capital d'exploitation, et qu'antérieurement à ces cinq dernières années l'intérêt des capitaux engagés, (soit comme première acquisition, soit pour améliorations, soit comme capital d'exploitation), a toujours été largement compensé par les recettes, sauf pendant les cinq premières années qui se soldaient en perte; pour ce motif nous ajouterons donc aux sommes ci-dessus l'intérêt à 3 °/° (1) du capital d'acquisition pendant cinq ans. 2,002ᶠ 20

Nous ne porterons au contraire aucun intérêt pour le capital employé aux améliorations de ces cinq premières années, ni pour le capital d'exploitation, puisque le revenu du domaine se trouve par suite employé tout entier à compenser l'intérêt de ces sommes.

On voit donc que la dépense totale s'élève à la somme de 54,350ᶠ 25

Recherchons maintenant quelle est la valeur vénale actuelle de la propriété ?

Le prix moyen de location des terres labourables dans le pays est de quatre-vingts francs l'hectare. Nous pouvons sans crainte d'exagérer en quoi que ce soit, appliquer ce prix moyen au Brohet-Beffou ; je dis sans craindre d'exagérer, car dans notre pays qui est un pays d'élevage, le prix de location des fermes est d'autant plus élevé que la proportion

---

(1) Relativement au taux de l'intérêt, voir l'observation que j'ai faite au sujet de l'intérêt du capital d'exploitation.

des terres sous sole de pré est plus considérable. Or, il n'existe pas une ferme dans la contrée où cette proportion soit aussi grande qu'au Brohet-Beffou, nous pouvons donc, comme je viens de le dire, appliquer le prix moyen de 80 fr. l'hectare au domaine du Brohet-Beffou ; on voit alors qu'il serait susceptible d'être loué 5,840 fr. mais, comme par suite des mauvaises récoltes des trois dernières années, il s'est produit une légère baisse sur le prix des fermages, nous ne porterons, comme prix de location, que le chiffre de 5,500 fr. Le taux le plus ordinaire de capitalisation dans le pays est le denier 30 (trente fois le revenu); mais toujours pour le même motif que ci-dessus, et bien que nous soyons fermement convaincus que la baisse survenue par suite des mauvaises récoltes ne sera que momentanée, nous ne capitaliserons qu'au denier 27, ce qui nous donnera un capital de.................. 148,500ᶠ
Retranchons les frais d'acquisition et d'amélioration ... 54,350 25
Il reste un bénéfice de............................ 94,149ᶠ 75
Auquel il faut ajouter :
1° La plus value du capital d'exploitation]............ 3,122ᶠ
2° Les bénéfices nets réalisés pendant les cinq dernières années.. 6,828ᶠ 65
L'opération se solde donc par un bénéfice net de...... 105,100ᶠ 40

Cent cinq mille cent francs, quarante centimes.

Conclusion.

Dans les considérants de son arrêté du 28 juillet 1879, Monsieur le Ministre de l'agriculture et du commerce rappelle que la prime d'honneur et les prix culturaux sont institués « dans le but d'encourager tous les efforts qui tendent au progrès relatif de la culture. »

Les chiffres que je viens de citer démontrent mieux que tout ce qu'il serait possible de dire, quels ont été mes efforts et quel a été le résultat de ces efforts, au point de vue particulier du domaine du Brohet-Beffou. Mais le résultat produit au point de vue du développement du progrès agricole dans le pays est-il en rapport avec celui que j'ai obtenu sur mon domaine ? Il ne m'appartient pas de l'apprécier. Mais il est cependant permis d'espérer que les résultats que j'ai obtenus et qui prouvent que l'agriculture bien entendue peut donner d'aussi gros bénéfices que n'importe qu'elle autre industrie, appelleront l'attention d'hommes intelligents et instruits et les décideront à se consacrer à l'amélioration de leurs propriétés foncières.

Je dis que l'agriculture donne d'aussi gros bénéfices que n'importe quelle industrie; qu'il me soit permis de faire observer en terminant que les profits de l'industriel sortent de la poche du consommateur, tandis que les bénéfices, résultant d'améliorations foncières, sont des bénéfices créés, qui constituent une véritable augmentation de la richesse Nationale.

www.ingramcontent.com/pod-product-compliance
Lightning Source LLC
LaVergne TN
LVHW050555090426
835512LV00008B/1178